A Irene de Puig.
Te lo debía.

A Joana Maria Campins,
Miquel Jaume Campaner, Eusebi Riera
y Carme Ripoll.

In memoriam.

© EDITORIAL RAPITBOOK SL, 2026
info@rapitbook.com
www.rapitbook.com

Diseño y maquetación:
Javier Labrador Moya

Fotografía de la cubierta: *Lophophytum leandry* Eichler.
Autora: Maite Sbert

Impresión y encuadernación: IMPRESRAPIT SL
www.impresrapit.com

ISBN: 978-84-10484-40-5
DL: PM 00917-2025

Con la colaboración de:

Impreso en España - Printed in Spain

La aventura de la Filosofía en la Educación

LA FLOR DE PIEDRA

MAITE SBERT ROSSELLÓ

ÍNDICE

PRÓLOGO

Irene de Puig

Tenéis en las manos un libro magnífico que hay que leer como una novela de aventuras. De una doble aventura. La aventura personal de una maestra que ha dedicado tiempo, esfuerzo, ilusiones, sabiduría y la mejor disposición para educar año tras año un montón de niños y niñas con el convencimiento, que ya defendían los pitagóricos, de que "educar no es dar estudios para vivir, sino templar el alma para las dificultades de la vida ".

Éste es, pues, un libro de aventuras, de aventuras vitales e intelectuales que se desarrollan en las aulas del colegio Es Pont de Palma de Mallorca, donde se suceden una serie de acontecimientos que marcan la educación de unas cuantas generaciones de chicos y chicas.

Explica algunas de las peripecias ocurridas en el interior del aula y en las visitas a exposiciones y museos. Desde Infantil y Primaria, el alumnado está sometido a pruebas de intrepidez y a retos de audacia mental que recorren temas y cuestiones que van desde la vida cotidiana a la escolar, la familiar, la del barrio y que, a menudo, escapan hacia la posibilidad de explorar mundos futuros.

El texto que nos regala Maite presenta un recorrido por distintos programas de Filosofía 3/18: *Pimi* (*Pixie*, en la versión castellana), *Kio y Gus, El Cartero Simpático, Jugar a pensar* y *Pébili.* A partir de cada programa, y repasando los distintos niveles educativos, encontramos todos los condicionantes de una empresa excitante, de unas experiencias llenas de elementos inesperados y sorprendentes.

Con gran habilidad y delicadeza, la autora muestra vivencias y recuerdos que ha guardado celosamente en la memoria –y en el papel–. La elección que ha hecho de las transcripciones de aula son chispas brillantes de una intensa actividad llena de riesgos, de situaciones imprevistas y con mucha magia.

Es un libro de aventuras porque es sugerente e intrigante, te invita a seguir leyendo, quieres saber más, estás pendiente de lo que vendrá, de cómo se resolverán las demandas planteadas, de cómo acabarán las conversaciones, de cómo seguirá el diálogo del día siguiente, de cómo vivirán los niños y las niñas el final de una lectura y el inicio de un nuevo programa.

Me gusta decir que los y las maestras han de tener una buena dosis de artesanos, pero también un punto de artistas. Han de conocer el oficio. A veces, han de ser repetitivos e insistentes, es necesario asegurar que ciertos conocimientos se consoliden. En ciertos momentos, hay que recomponer y reconducir. Pero es imprescindible el toque de artista, una gran dosis de creatividad y de flexibilidad. Esta lectura demuestra suficientemente que en el aula la improvisación no está reñida con la constancia, que inventar no necesariamente es descarrilar y que imaginar puede significar vivir dos veces.

Maite, como veréis, se mueve en la escritura con la comodidad de una artesana y con la genialidad de una artista. Y la reconoceréis en las dos vertientes leyendo sus intervenciones en las transcripciones que nos regala como muestra del ingenio de los niños.

En el relato, ágil, cuidadoso y especialmente tierno en muchas ocasiones, se hace evidente que hay formas y maneras de armonizar aquello que parece incompatible: filosofía y niños, reflexión y acción, cabeza y corazón y, por ello, también flor y piedra.

La flor, estallido bello y complaciente pero efímero, se convierte en sólida, rotunda y contundente piedra. Tras las palabras ingenuas y entrañables de los niños hay mucho más que intercambio y comunicación. Hay pensamiento, reflexión, espíritu crítico y razonamiento; hay una manera de entender la filosofía.

Nota previa:

Los manuales para los alumnos y las guías del profesorado que utilizamos en Baleares, y a los que se refiere el presente relato, escritos por Matthew Lipman y Ann M. Sharp, son los traducidos y adaptados por el GrupIREF, en lengua catalana. Es por eso que, tanto las portadas de los libros como los nombres de la mayoría de los personajes, no se corresponden con las publicaciones en castellano. Por esta razón, en cuanto a los nombres, he optado por poner entre paréntesis los utilizados en esta lengua, excepto en el caso de *Pixie,* en que he conservado el nombre de la versión catalana, *Pimi,* por ser citada en numerosas ocasiones y porque mi relación con ella, llena de agradecimiento y ternura, me impide la traducción. Confío en la comprensión del lector.

Primero está la historia, y después está la historia
de cómo sucedió. Lo que quiero decir
es que primero tuvo que suceder,
y que después, más tarde, vino la historia.
Por lo tanto, esto es la historia de lo que vino primero.
Es la historia de cómo sucedió.

Pimi (Pixie)

Cuando tenía siete años, me regalaron mi primera máscara de mirar debajo del agua. Sumergirme con aquellas gafas en el mar supuso para mí descubrir un mundo fascinante, un mundo de profundidades, lleno de misterios y de sorpresas.

Cuando tenía 41 años conocí el Proyecto de Filosofía -entonces 6/18-. Para mí fue exactamente lo mismo. Ambos acontecimientos representan un antes y un después en mi vida.

EL DESCUBRIMIENTO

➪ Salí de la reunión con la certeza de que algo importante me había sucedido. Lo que no sabía era hasta qué punto influiría en mi vida. Ellos y ellas eran profes de filosofía y, por lo tanto, -según la idea guardada en el fondo de mi memoria desde la infancia- personas sabias. Pero, al mismo tiempo, habían sido acogedoras y divertidas, porque tenía la sensación de que me lo había pasado muy bien. De manera que tenía ganas de volver.

Aunque fue en el curso anterior cuando las maestras entramos en contacto con el grupo de profesores de filosofía y comenzamos a hacer algunas sesiones con alumnos, fue en el curso 1990-1991 cuando la filosofía se instaló en el CEIP Es Pont de manera definitiva, con horario propio y regular. He de decir que la escuela tenía un recorrido breve como centro de Infantil y Primaria y que el claustro, pese a las diferencias que siempre existen entre las personas, era un claustro ilusionado.

La escuela ya era este ente potente, de peso, consistente, que es en la actualidad. Maestros y alumnos, todos diferentes (como suele pasar, cada cual hijo de su padre y de su madre), conformábamos un universo lleno de vida.

El proyecto Filosofía 3/18 no pretende hacer de los niños pequeños filósofos, sino personas reflexivas, que piensen por sí mismos, de manera crítica, creativa y cuidadosa, ciudadanos implicados en una sociedad democrática. Tiene su origen en el movimiento Philosophy for Children, que nace guiado por Matthew Lipman en los años sesenta, cuando era profesor de Lógica en la Universidad de Columbia, en Nueva York. El GrupIREF (Grupo de Innovación e Investigación para la Enseñanza de la Filosofía) es quien adapta y divulga el proyecto en Cataluña, que llega a las Islas de la mano de Eulàlia Bosch e Irene de Puig, a instancias de Margalida Mas y Miquel Jaume Campaner, promotores del grupo de profesores al cual me he referido en el párrafo anterior.

A nosotros, inicialmente, nos preocupaba cómo podríamos hacer filosofía si, para la mayoría de maestros, los conocimientos sobre la cuestión se reducían a los propios de la asignatura cursada en el instituto. Ahora no sabemos mucho más, pero con las compañeras y los alumnos hemos aprendido, como mínimo, que la filosofía sirve para mirar y entender las cosas de otra manera.

La filosofía lo impregnó todo: proyectos de trabajo, lenguaje y actividades artísticas. Incluso sesiones de matemáticas o experimentos científicos acababan en un diálogo filosófico. *¿Qué estamos haciendo?* –me decían a veces los alumnos– *¿mates o filo?*

Porque hacemos matemáticas, lenguaje, proyectos, artística... ¿o simplemente filosofía? Todos estos ámbitos tienen en común el proceso constructivo de los conceptos. Aprendemos un concepto cuando lo ponemos en relación con otros: es rojo porque no es verde ni negro, es un ocho porque no es un dos o un cinco o... La filosofía nos aporta la posibilidad de tratar bajo diferentes ópticas los grandes temas subyacentes en todas las situaciones, en todas las ramas del conocimiento. Nos explica las relaciones entre la propia experiencia, el entorno natural y el entorno cultural.

Esta manera de hacer no iguala, sino que agudiza las diferencias individuales. Pero, al mismo tiempo son respetadas, por las posibilidades que este hecho ofrece.

La filosofía nos enseñó a escuchar de otra manera, a mirarnos, a interrogarnos, a ser más conscientes, más críticos, más creativos. Yo diría que nos sentíamos más inteligentes y quiero creer que, sobre todo, mejores personas.

Actualmente, nada más llegar los niños a la escuela, ya ponemos en práctica actos mentales acompañados de actitudes de respeto y tolerancia hacia las diferentes perspectivas que expresan el resto de compañeros y compañeras. De esta manera, nos constituimos en una comunidad de investigación donde, a través del diálogo, avanzamos hacia la autonomía del pensamiento crítico, creativo y cuidadoso que pretendemos.

Con el tiempo, nos hemos ido planteando diferentes objetivos, relacionados con los mismos contenidos de los programas, con la dinámica de los grupos o con los mecanismos de la evaluación. Actualmente, el punto de mira es doble: a) que los alumnos sean conscientes de su progreso y del progreso del grupo, y b) que se den cuenta de la trascendencia de las sesiones de filosofía en otras situaciones, en otras áreas, fuera de la escuela, en la vida.

A lo largo de los cursos, el misterio, la sorpresa, el arte, la literatura y el afán por descubrir y aprender conforman las líneas del pentagrama donde se inscribe la sinfonía de este proyecto que, poco a poco, nos hace crecer no sólo en filosofía, sino en todos los ámbitos del conocimiento y, sobre todo, en el conocimiento de nosotros mismos.

Hoy en día, es uno de los rasgos de identidad de nuestro centro.

DE LA MANO DE PIMI

⇨ Conocí el Proyecto de Filosofía de la mano de *Pimi* (*Pixie*). Venía acompañada de un montón de nombres propios que con el tiempo se han convertido en puntos de referencia de mi vida.

De pronto, aquella niña un tanto extraña e interrogadora nos hacía plantearnos cosas insospechadas. Si lo tuviese que resumir, diría que fue como abrir una puerta al misterio y a la sorpresa, que adquirieron una dimensión cotidiana, más consciente para mí y mis alumnos y creo que también para las maestras que empezábamos a transitar aquel bosque desconocido que, aunque llevaba el mismo nombre, poca relación tenía con la asignatura que habíamos estudiado en el instituto hacía años.

El primer enigma que plantea Pimi, protagonista de la novela del mismo nombre, en la versión catalana, es su identidad, porque inicialmente no es explícito a qué género pertenece. ¿Niño o niña? Los argumentos y contra argumentos que nos llevan a pensar en una u otra posibilidad son muy diversos y, al final, el enigma persiste y nos sirve para hablar de qué características y habilidades presuponemos en un niño o en una niña. Nos damos cuenta de ciertos tópicos que, poco a poco, se van desmontando: *A mí me gusta mucho jugar a fútbol y no me gusta el ballet y no por eso soy un niño* dice Marga. *En primero hay dos niñas que son más fuertes que yo,* dice Miquel.

Llegamos a ciertas conclusiones: a) de momento no podemos saber si Pimi es un niño o una niña, y b) niños y niñas podemos hacer lo mismo.

Este interrogante perdura hasta que lo podemos deducir a partir de la lectura. Hasta entonces, las hipótesis se van sucediendo y el deseo por desvelarlo provoca situaciones divertidas, como la de un niño que entra eufórico en la clase diciendo que sabe seguro que Pimi es una niña porque la cajera del súper de la barriada se llama igual. Alguien le contesta: *Te has confundido, ella se llama Primi, no Pimi. A mi me pasó lo mismo que a ti y se lo pregunté para estar segura.* Con lo cual, no nos queda sino esperar y seguir leyendo.

Porque uno de los temas recurrentes en todos los programas es la lectura y es importante reflexionar con los niños para qué nos sirve leer. Un grupo de quinto nos lo explica así:

> *Para aprender, para recordar, para ser feliz. Es como el pasaporte para la imaginación, para poder aprender a escribir como escritores, para sentir,* e incluso, *para mejorar la ortografía.*

Las primeras en sorprendernos somos las maestras, porque nunca habríamos sospechado en nuestros alumnos esta capacidad de reflexión, de disfrutar del placer de pensar y conversar. Como oí decir a una maestra en una ocasión, las sesiones de filosofía producen "ataques de satisfacción personal".

Los enigmas continúan: la criatura misteriosa, ¿por qué no habla Bernat (Brian)? Poco a poco, van emergiendo los diferentes personajes y una tarea que nos ocupa es pararnos a pensar cómo son cada uno de ellos, cómo los imaginamos. Y destacamos las frases que nos dan pistas para argumentar nuestras definiciones.

Según un alumno, *el Sr. Moliner (Sr. Mulligan) es positivo. Si alguien dice una cosa que no está bien, que está mal dicha, la transforma en positiva, le saca la parte buena.* Por eso, es un buen maestro. *Bernat (Brian) es callado y tímido, también imaginativo, y tiene una razón para no hablar, aunque no la sepamos.* Es inteligente, pensativo... Esto lo deducimos a partir de diversas intervenciones del personaje, entre las cuales: *Bernat (Brian) fue a la pizarra y escribió: "Modelos, analogías, proporciones, símiles y metáforas. ¡Ya hay suficiente por hoy!"*

Así, nos vamos acercando a cada uno de ellos y comprobamos que todos son muy diferentes, como nosotros mismos, y tratamos de entender lo que hacen. Porque uno de los aspectos importantes es este, la empatía, aprender a ponerse en la piel de otro, como hace Pimi con Nic (Nikky) cuando le hace reflexionar sobre el ponerse en el lugar de los animales. Entender lo que sucede para poder actuar mejor.

También quiero destacar que, desde muy pronto, percibimos la importancia de lo que vivimos y levantamos acta colectiva de cada sesión de filosofía. Cada día se encarga un alumno. Las actas sirven de hilo conductor para la sesión siguiente y conforman la historia del pensamiento del grupo.

En un determinado momento, incorporamos las **libretas individuales** a las sesiones de filosofía. El diálogo, la expresión del propio pensamiento y la consciencia de las habilidades utilizadas son importantes, pero también lo es la capacidad de expresarnos a través de la escritura.

Siempre he pensado que es el nivel más alto que podemos conseguir: es importante saber localizar una determinada información, saber compararla con otras, procesarla y sacar conclusiones o cuestiones que nos la hagan replantear. Un paso más es saber explicar a los demás esta información determinada y las conclusiones a las que hemos llegado, individualmente o en compañía. Pero, cuando lo podemos explicar por escrito, cuando podemos elaborar el propio pensamiento y plasmarlo en palabras, creo que es otro nivel. Supongo que es porque a mí me cuesta mucho escribir.

Sobre el hecho de implementar las libretas, es cierto que quizá la prioridad del proyecto no es la escritura en sí misma, pero lo escrito tiene una fuerza evocadora importante *(verba volant, escripta manent)*. Dejando aparte los aspectos formales, los textos escritos se convierten en pequeñas joyas que nos sirven no sólo para recordar, sino para retomar y repensar todas aquellas cosas que no se pueden tratar en la inmediatez del momento.

Creo que las producciones finales, las anotaciones, han de ser individuales porque, si no, no serán conscientes del propio avance. De ahí la importancia de las libretas personales. Lo escrito obliga a ordenar, a hacer comprensible aquello que quieres decir, a concretar.

En definitiva, se trata de crear la necesidad de escribir: los cuadernos se convierten en el testimonio de la propia historia, como nos decía una exalumna, *son como el álbum de fotos de nuestra mente.*

Por ello, animamos a nuestros alumnos a reconocer el poder de la escritura. Los cuadernos de filosofía son una herramienta que nos sirve para dejar huella de nuestra historia como grupo y de nuestra evolución personal.

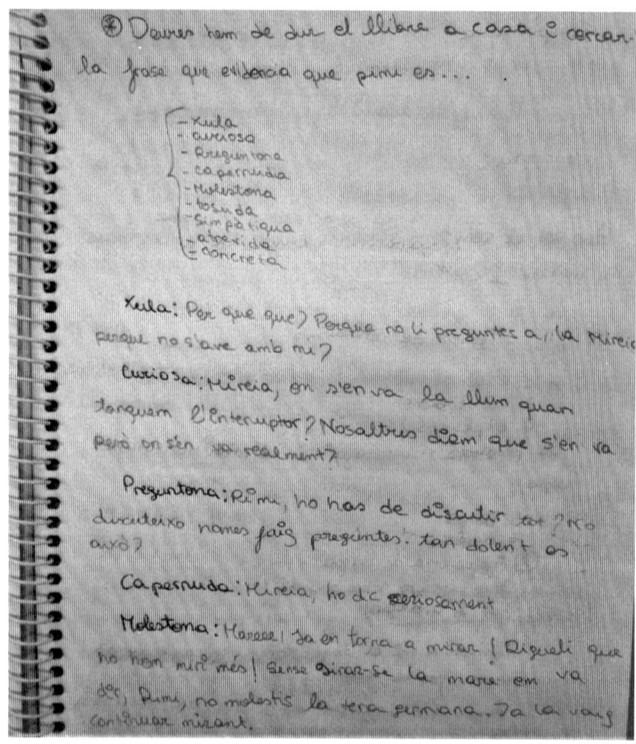

Deures: hem de dur el llibre a casa i cercar la frase que evidencia que Pimi és...

- Xula
- Curiosa
- Preguntona
- Caperruda
- Molestona
- Tossuda
- Simpàtica
- Atrevida
- Concreta

Xula: Per què què? Perquè no li preguntes a la Mireia perquè no s'ave amb mi?

Curiosa: Mireia, on s'en va la llum quan toquem l'interruptor? Nosaltres diem que s'en va però on s'en va realment?

Preguntona: Pimi, no has de discutir tot? No discuteixo només faig preguntes. Tan dolent és això?

Caperruda: Mireia, ho dic seriosament

Molestona: Marecc! Ja em torna a mirar! Digueli que no hem miri més! Sense girar-se la mare em va dir, Pimi, no molestis la teva germana. Ja la vaig continuar mirant.

* Deberes: tenemos que llevar el libro a casa y buscar la frase que evidencia que Pimi es...

- chula
- curiosa
- preguntona
- cabezota
- molestona
- tozuda
- simpática
- atrevida
- concreta

Chula: ¿Por qué qué? Por qué no le preguntas a Mireia (Miranda) por qué no se lleva bien conmigo?

Curiosa: Mireia (Miranda) ¿a dónde se va la luz cuando apagamos el interruptor? Nosotros decimos que se va pero ¿A dónde se va realmente?

Preguntona: Pimi ¿tienes que discutirlo todo? No discuto, sólo hago preguntas, ¿tan malo es eso?

Cabezota: Mireia (Miranda) lo digo en serio.

Molestona: ¡Mamááá! ¡Ya me vuelve a mirar! ¡Dile que no me mire más! Sin girarse mi madre me dijo: Pimi, no molestes a tu hermana. Yo la seguí mirando.

Anotamos las frases que, a nuestro parecer, evidencian los rasgos del personaje. Sexto de Primaria (curso 2010-2011).

Sr. Moliner:

- Es un home vell segons pimi.
- Es un mestre.
- Li agrada fer visites.
- Te una filla que espera una criatura.
- Te les orelles que li surten.
- Du ~~urelles~~ ulleres.
- Fa molt temps que esta a l'escola.
- Es el mestre de na Pimi.
- Es parcipadri.
- Li agra fer sortides.
- Es un bon mestre perque?
- Perque ensenya de manera divertida.
- " es amable.
- " du molt de temps a l'escola
- " li agra fer sortides
- " es tranquil i paciant

Durante el curso, a medida que avanza el relato, añadimos características que definen al personaje. Quinto de Primaria (curso 2014-2015)

Sr. Moliner (Sr. Mulligan)

- Es un señor viejo, según Pimi.
- Es un maestro.
- Le gusta hacer visitas.
- Tiene una hija que espera una criatura.
- Tiene las orejas que le salen.
- Lleva gafas.
- Hace mucho tiempo que está en la escuela.
- Es el maestro de Pimi.
- Es padre y abuelo.
- Le gusta hacer salidas.
- Es un buen maestro, ¿por qué?
- Porque enseña de manera divertida
- " es amable
- " lleva mucho tiempo en la escuela
- " le gusta hacer salidas
- " es tranquilo y paciente

En las libretas individuales anotamos aquello que pensamos que es importante conservar: notas personales, ejercicios diversos que consensuamos con los alumnos –como las mencionadas definiciones de los personajes–, lo más relevante de la sesión, cuestiones diversas que acordamos hacer, los temas que nos han ocupado, las habilidades de pensamiento trabajadas y tantas propuestas como se nos han ocurrido a lo largo del curso. Por ejemplo, después de leer el último episodio del quinto capítulo, consignamos: "Temas que han surgido hoy: relaciones, tiempo y espacio, dimensiones, mente".

Como todos los programas, *Pimi* convive con nosotros durante dos cursos y los diferentes grupos de alumnos se despiden de ella de formas diversas. Pero, por tratarse de uno de los primeros grupos que hace filosofía y a manera de testimonio, quiero contaros lo que sucedió en la primavera de 1995. Entonces conformaban el grupo de séptimo, lo que ahora sería el primer curso de la ESO.

Inicialmente, no están publicados los manuales y empezamos haciendo sesiones a partir de fotocopias de *Pimi*, que habíamos utilizado con el alumnado de tercero y cuarto de Primaria. Por lo tanto, hacía tres cursos -para algunos alumnos cuatro- que había comenzado nuestra historia con ella. La verdad, como maestra, para el final del recorrido, espero algo así como "hacer una fiesta" o cosa parecida. Aquella sesión me sorprende en gran manera, ya que surgen propuestas muy variadas. Finalmente se acuerdan cuatro opciones que realizarán los alumnos divididos en grupos:

- El primer grupo (Nuria, Toni, Pep y Alicia) acuerda buscar las relaciones existentes entre las cuatro historias de los capítulos finales y **elaborar la quinta historia,** conservando estas relaciones. Después la representarán con marionetas.
- El segundo grupo (José B., Bruno, José M.G., Vanesa y Jonatan) opta por **hacer la portada paralela**, que recoja los elementos más significativos de los capítulos.
- El tercer grupo (Encarna, Eva, Jaume y José Miguel) se propone hacer la lista de todos los **personajes que salen en la novela y buscar la frase que mejor los identifique**. Después, adjudicar cada personaje a un miembro de la clase y acabar haciendo una pequeña representación.
- El cuarto grupo, finalmente, se adhiere a la propuesta de Joana que, juntamente con Macarena y Mabel, propone **distribuir la escultura de la portada –reproducida en madera– en once partes donde colocar el interrogante representativo de cada uno de los capítulos.**

Llevar a cabo cada una de las ideas no es tan fácil como todo el mundo supone al principio, pero se consigue. Y sí, la fiesta final consiste en mostrar a los compañeros y al resto de la escuela todo aquello que hemos vivido junto a Pimi.

Todas las propuestas llegan a buen puerto, si bien la última tiene la peculiaridad de dejar una huella física: una escultura que, para la escuela, se convertirá en el eco de las voces de este grupo-clase y en el símbolo del paso de la filosofía por nuestras aulas.

Las preguntas correspondientes a los respectivos capítulos y repartidas en las once partes que la componen son:

1. ¿Los hombres y las mujeres expresan sus sentimientos de distinta forma?
2. ¿Cómo puede ser que una parte de tu cuerpo se duerma y el resto no?
3. ¿Ya tienes tu "criatura misteriosa"?
4. ¿Las relaciones familiares se pueden ver?
5. Espacio y tiempo son dimensiones. Pero ¿podría la mente ser también una dimensión?
6. Los modelos, las analogías, las proporciones, los símiles y las metáforas ¿pueden ser lo que son sin relaciones?
7. ¿Una historia puede ser verdad e increíble al mismo tiempo?
8. ¿Por qué Bernat (Brian) hablaba con los animales y no con las personas?
9. ¿Hay historias que interesan a todo el mundo?
10. ¿Todas las historias empiezan siempre por *"hace mucho, mucho tiempo..."*?
11. ¿Siempre hay una nueva pregunta?

Para acabar dicen: hoy nos despedimos de Pimi, pero siempre nos acordaremos de ella...

> *... cuando me hablen de analogías.*
> *...cuando encuentre una niña que siempre haga preguntas o conozca a alguien que haga preguntas extrañas.*
> *... cuando me hagan una pregunta sin respuesta.*
> *... cuando me hablen de misterios y...*
> *... cuando conozca a alguien que sepa mover las orejas!*

Séptimo de Primaria (junio de 1995)

Pimi y la guía para el profesorado ***En busca del sentido*** conforman el programa de Filosofía del Lenguaje, que para la escuela representa la primera piedra de este proyecto que no deja de crecer.

Al finalizar los dos cursos que compartimos con este personaje tan especial, habitualmente proponemos: **¿Qué me ha aportado Pimi?**. A lo largo de los años, las respuestas son innumerables. He aquí algunas de ellas:

> *- Misterio, intriga, tensión.*
> *- Me ha aportado leer mejor y que me guste el teatro.*
> *- Ver las cosas "a la manera de Pimi", sin preocuparme tanto.*
> *- Que nada es imposible y que nunca tienes que rendirte.*
> *- Que siempre has de tener mucha imaginación.*

Los niños y niñas opinan que: *El final de Pimi es sorprendente, raro, es una historia al aire, es incluso más para pensar que Kio y Gus. Tiene más opciones, se repasan y añaden conceptos nuevos. Me he quedado sorprendido de lo "corta" que puede parecer Pimi para hacernos pensar más. El final es tan novedoso para que pensemos en el origen del mundo.*

Sobre el último capítulo opinan que *Todas las versiones son verdaderas. Las versiones son maneras diferentes de ver una historia, una misma cosa.*

Y, cuando se les pregunta por la relación entre las ideas esenciales de las cuatro historias, una alumna contesta:

> *Explican que no todo es perfecto y que las cosas tienen orígenes abstractos.*

En definitiva, ella nos abrió la puerta y nos enseñó el camino. Joana Romero, en mayo de 1992, lo explica así:

> *A mí me gusta Pimi porque me hace pensar. Pensar es acomodar una palabra en el cerebro y reflexionar sobre ello.*

MÁS ALLÁ DEL ARTE

⇨ Mi adolescencia transcurrió en Madrid. Entonces trabajaba en una entidad bancaria. Los sábados eran días diferentes. Salía a las tres y me daba el lujo de comer de un consomé y un sandwich en Lardhy, lugar que los compañeros de trabajo me habían descubierto. Mi presupuesto no daba para el menú que se podía tomar en el piso de arriba, pero para mí el placer ya era suficiente.

Después recorría la Gran Vía abajo, camino del Museo del Prado, que los sábados era gratuito. Entrar allí suponía acceder a otro mundo. Cada sábado una sala o dos, máximo, y allí me paraba a contemplar. Sin hacer nada. Y así Velázquez, Goya, Rubens, el Bosco y muchos otros se convirtieron en amigos que admiraba y me sorprendían cada vez con algo nuevo.

Era una visión contemplativa, llena de admiración, pero sin cuestionar nada, ni tan sólo me planteaba la escasa presencia de mujeres pintoras en aquellas salas y pasillos.

En filosofía, desde el primer momento, el contacto con el arte se hace presente. En la edición del GrupIREF, las portadas de cada una de las novelas son diferentes obras de arte, en concreto, esculturas de Alexander Calder, de elección muy cuidada, que se convierten en el estímulo adecuado para iniciar el binomio arte–filosofía.

Guardo con cariño conversaciones sobre todas ellas, donde los caminos que van desvelando conducen, a partir de las primeras hipótesis, a cuestiones bien diversas. Como cuando, al hablar de la escultura que ilustra la portada del libro de Pimi, "El carbonero" (1959) acaban dialogando sobre dónde se encuentra el centro de una obra de arte. *Es aquello que está en medio,* dice Sole; *Para mí es donde te empiezas a imaginar lo que quieres hacer*, añade

Joana. Guillem dice que *Es donde la obra tiene más intensidad.* Y, cuando le pedimos que lo explique un poco más, añade: *Donde es más importante.* Y se plantea el hecho de que lo más importante para el artista quizá no lo es para el espectador. Según Javi, *El centro es lo más difícil de imaginar, porque si tienes eso pensado las otras cosas te van saliendo fácilmente.* Las intervenciones se multiplican y la idea de centro, de eje, se va concretando y, al mismo tiempo, ampliando.

Quiero decir que las obras de arte presentes en las portadas actúan como fuegos artificiales: cuando acercas la cerilla, tiene lugar una explosión inesperada de posibilidades.

Curiosamente, con el diálogo a partir de la portada de *Pimi* o de *Kio y Gus*, aprendemos a hacer la reseña de una obra de arte y lo anotamos en el cuaderno de filosofía: el nombre del escultor, el título de la obra, el año de creación, el material y las medidas. De esta forma, cuando vamos a las exposiciones la información de las cartelas nos es familiar.

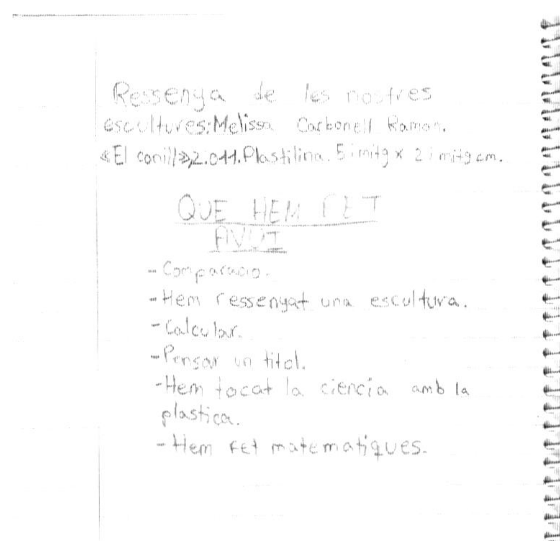

Ressenya de les nostres escultures: Melissa Carbonell Ramon.
«El conill» 2.011. Plastilina. 5 i mitg x 2 i mitg cm.

QUE HEM FET AVUI

- Comparacio.
- Hem ressenyat una escultura.
- Calcular.
- Pensar un titol.
- Hem tocat la ciencia amb la plastica.
- Hem fet matematiques.

Extraído de la libreta de una alumna de tercero de Primaria. (curso 2009-2010).

Reseña de nuestras esculturas: Melisa Carbonell Ramon.

"El conejo" 2.011. Plastilina. 5 y medio X 2 y medio.

¿QUÉ HEMOS HECHO HOY?
- Comparación.
- Hemos reseñado una escultura.
- Calcular.
- Pensar un título.
- Hemos tocado la ciencia con la plástica.
- Hemos hecho matemáticas.

Pero es con Pimi, por ser la primera en llegar, con quien aprendemos a mirar de otra manera y a descubrir el arte, en particular, el arte contemporáneo.

Las salidas a fundaciones y museos se hacen cotidianas. Acompañados por guías tan especiales como Eulàlia Bosch, Antònia Maria Cerdà, venidas de Barcelona, y Joan Carles Alzamora, nos ponemos en contacto con las obras de arte sin marcarnos, inicialmente, demasiados objetivos. Simplemente pretendemos establecer contacto, "leerlas", interpretarlas. Para algunos, es la primera ocasión que visitan una exposición de arte contemporáneo.

Los recorridos no son exhaustivos, tan sólo unas pocas obras, a menudo elegidas por los alumnos porque les llaman más la atención. Los diálogos se hacen cada vez más fluidos, más cargados de interrogantes, y las preguntas de las personas que nos guían nos conducen desde el campo objetivo de la propia obra -material, técnica, elementos- al lenguaje más evocador, donde se mezclan sensaciones, experiencias, sentimientos e imaginación. Cada obra conduce a temas diferentes y la conversación deviene un verdadero diálogo filosófico.

En uno de los recorridos, en la Fundación Joan March, de Palma, y ante la obra de Guinovart *Homenaje a Salvat Papasseit*, un alumno dice que le recuerda a un trastero, y otro le responde que para él *puede ser la mente de una persona, porque dentro de la cabeza también tenemos muchas cosas y no siempre están ordenadas*. Días más tarde, es la propia Eulàlia quien nos envía un texto de Sir Arthur Conan Doyle, del libro *Estudio en Escarlata (un caso de Sherlock Holmes)*, donde dice:

> " –Mire –explicó–, considero que, originariamente, nuestro cerebro es como una pequeña habitación vacía que hemos de ir llenando con tantos muebles como queramos. Un necio recoge todo lo que va encontrando sin orden ni concierto, de manera que los conocimientos que le podrían ser útiles ya no caben o, en el mejor de los casos, están apelotonados y mezclados con muchas otras cosas, y le es realmente difícil separarlos y utilizarlos. El trabajador especializado va con mucho cuidado a la hora de poner cosas en la habitación que es su cerebro. No tendrá nada aparte de las herramientas que le puedan ayudar a hacer su trabajo, pero, de esas sí, de esas tiene un gran surtido y, además, puestas en el orden más perfecto. Es un error pensar que esta pequeña habitación tiene paredes elásticas y que puede ensancharse sin límites. Depende de cada caso, pero llega un momento en que por cada conocimiento que se adquiere se olvida alguna cosa ya sabida; es muy importante, pues, vigilar que ningún hecho inútil empuje hacia afuera a los conocimientos útiles".

Al compartir el texto con los alumnos, nos sorprenden las coincidencias con la intervención de José Manuel G. y, como es de esperar, el diálogo, lleno de intervenciones apasionadas, a veces controvertidas, está servido.

Como ha sido importante el disfrute de nuestras visitas y el contacto con las obras de arte, este mismo grupo de alumnos de quinto propone una visita, guiada por ellos mismos, para los más pequeños de la escuela.

La preparación para intervenir como futuros monitores es ardua y consiste en dos partes. La primera es recordar la propia experiencia y elaborar un guion de la obra ya trabajada. La segunda es elegir, a través del catálogo de la Fundación o bien del recuerdo, alguna otra obra no comentada con el fin de ver la capacidad de aplicación de aquello que se ha aprendido y elaborar, como en el caso anterior, el guion de la visita.

La experiencia resulta ilusionante e intensa. Convertirse en monitores de primero y segundo curso les hace sentir responsables. Cada grupo de quinto ha preparado dos obras y los grupos de los pequeños pueden hacer intercambios, trabajando una media de cuatro obras. Las intervenciones de los adultos son mínimas y los alumnos de quinto se desenvuelven prácticamente como profesionales.

Se producen anécdotas entrañables, los alumnos monitores escuchan e intervienen de manera sorprendente. Por poner un ejemplo, la obra *La princesa y el dragón*, de Gustavo Torner, consiste en un gran tronco de árbol de bronce, acero patinable y latón, delante del cual hay un gran cuadrado de metacrilato transparente. De forma admirable, los alumnos que hacen de guías conducen el diálogo de tal modo que los pequeños llegan a adivinar el título de la obra. En un momento dado una niña pregunta: *Pero ¿dónde está la princesa?* Sin dudarlo, uno de ellos la hace levantar, la coge de la mano y la conduce ante el gran cuadrado donde ella se ve reflejada. *¡He aquí la princesa!*, le dice, y ella abre unos ojos como platos y una sonrisa inmensa le ilumina la cara. Los adultos que estamos presentes nos miramos asombrados. Luego todos los niños y niñas pasan para verse reflejados y, por tanto, inmersos en la obra que contemplan. Cada vez que, a lo largo de los años, me encuentro ante esta obra recuerdo ese momento tan tierno.

El trabajo ha sido interesante y enriquecedor por muchos motivos:

- La transferencia que implica pasar al análisis de una obra nueva a partir de los interrogantes planteados en situaciones anteriores.

- Las nuevas perspectivas abiertas por propuestas como las que hace uno de los grupos cuando proponen: ¿Le pondríais música a esta obra? Pregunta que nos hace recuperar el recorrido de obras conocidas incorporando elementos musicales.

- La constatación de que preparar una visita para los demás nos hace abrir nuevos interrogantes, ya que todo el mundo es consciente de que es imprevisible lo que nos sugerirán, por un lado, las obras que no conocemos a fondo y, por otro, las posibles intervenciones de los más pequeños.

Es así como empieza el camino del arte, al que llegamos guiados por Pimi, y que nos permite continuar, desde una nueva perspectiva, en la búsqueda de significados, en la construcción de las propias ideas con la ayuda de las aportaciones de los demás, en el descubrimiento de relaciones donde la luz y la sombra, los colores, el volumen, las texturas... son hilos conductores en un mundo donde es imprescindible la capacidad de sorpresa y de admiración.

Visita a la Fundació March (Palma, 1993).

Estas salidas en las que entramos en contacto con el arte se hacen habituales desde bien pequeños. En cierta ocasión, después de ver una exposición en la Fundación Joan March, me encontré con un exalumno. Hablamos de las visitas periódicas que hacíamos a museos, fundaciones o galerías de arte. Me dijo, sonriendo: *Venir aquí es como volver a casa, como ir a ver a los amigos.*

Pero si hay un hito importante para nosotros es aquella colección tan particular de "Criaturas misteriosas". ¿Quién podría olvidarla?

Es durante el curso 1993-1994 que llega a Mallorca la exposición "Criaturas misteriosas", ideada y dirigida por Eulàlia Bosch y organizada por el GrupIREF. Tiene lugar en la Fundació La Caixa, en Palma, y se hace difícil encontrar las palabras que puedan explicar las emociones que su título despierta en las personas que tuvimos la suerte de disfrutarla.

En la introducción del catálogo, Eulàlia explica: "Sin las artes, la construcción del yo peligra. Nadie es tan fuerte como para poder vivir solo". La exposición "Criaturas misteriosas" combina el placer de la contemplación y del diálogo. Brinda a los alumnos un espacio de reflexión estética, les da voz, son ellos los que hablan y establecen una relación con las artes.

Acudimos todos. En diferentes turnos, toda la escuela vive la experiencia. Lo primero que encontramos es un espejo que tiene delante el título escrito al revés, de manera que en él se lee de forma correcta. La monitora, señalando el título, hace notar el relieve de las letras y pregunta si sabemos qué dice:

> - *Criaturas misteriosas.*
> - ¿Dónde lo pone?
> - *Aquí* -dice un alumno. Y señala el espejo, pero de repente rectifica cuando ve que muchos miran al sitio donde está el título.
> - ¿Qué vemos en el espejo? -pregunta la monitora-.
> - *¡Somos nosotros! ¡Es que nosotros somos un poco misteriosos!*

Y así comienza el recorrido.

Al llegar a la obra de Susana Solano, *PA-PE-PI-PO-PU,* niños de cuatro años comentan:

¿Es una piscina o un billar?
Creo que es un espejo porque nos podemos ver dentro.
Es que el agua es un espejo.
Yo dentro le pondría peces y cangrejos.
Pues yo una sirena.

La obra de Rosa Amorós nos sorprende y nos provoca:

A primera vista parece una rueda entre signos matemáticos, pero después creo que es un ojo y la pupila. Cuando miras de cerca ves que tiene un espejo en el centro y me reflejaba. Es como si me estuviese mirando. (cuarto curso).
También me impresiona el título: NO-NOMBRE. (cuarto curso)
Para uno de los más pequeños, de cuatro años, *Es un ojo, el ojo de la tierra.*

Chelo Sastre, con *TITRI-SORPRESA* nos transporta a un paisaje atemporal:

Hay mujeres que pasean por un jardín.
Cuando te agachas te reflejas y puedes imaginar muchas cosas. Es como si fuesen dos mundos. Me recuerda a Alicia en el país de las maravillas.

Y así, pieza a pieza, los diálogos se enzarzan y se suceden preguntas tejidas con ideas insospechadas. Además de las citadas, encontramos obras de Miquel Barceló, Robert Llimós, Javier Mariscal y Jaume Plensa.

Las conversaciones continúan en las aulas y la idea no nos abandonará nunca. Así, en otras ocasiones, en cursos posteriores, son los alumnos quienes crean las propias *Criaturas misteriosas* y se montan exposiciones para compartir con el resto de la escuela y con las familias.

El arte se ha convertido en algo cotidiano y en el curso 1994-1995 llevamos a cabo, con el último curso de Educación Primaria, una experiencia que tiene eco en años futuros. La visita a una exposición de Joan Brossa, en la Fundación Pilar y Joan Miró, nos sorprende intensamente y se plantean diversas posibilidades que, poco a poco, se llevan a cabo:

1. Transformar en texto escrito el poema objetual o visual que nos ha gustado particularmente.

   En el océano descansa el ancla de un barco
   Y toda el agua cabe en un vaso.
   No hace falta ser marinero
   Para entender misterios acuáticos.

   (Joana, a partir de la obra *Oceana*)

2. Plantearnos interrogantes ante algunas de las obras que más nos han gustado.

   ¿Por qué crees que ha puesto confeti?
   ¿Qué puede representar un paraguas?
   ¿Qué relación ves entre la PAPERINA y el paraguas?
   ¿Crees que nos quiere recordar alguna época del año?
   ¿En qué debía pensar para hacer esta obra?

   (interrogantes planteados a partir de la obra *Paperina (cucurucho)* consistente en un paraguas cerrado lleno de *confeti*)

3. A partir de la combinación de objetos, proponer conceptos. En este caso, la dinámica es compartir a nivel de

grupo y, a partir de dos objetos, decidir qué concepto o idea se ajustaría más.

Una hoja verde y otra seca: el paso del tiempo.
Un trozo de carbón y un cuaderno: cultura.

O, al revés: dado un determinado concepto, expresarlo con objetos o medios visuales.

Espacio: un puzle donde falta una pieza.
Escritura: una pluma de ave y una foto donde se ven los surcos que el viento deja en el desierto.
Origen: Un pequeño cartel donde se ve una cáscara de huevo de donde sale un pollito, un bebé y las letras ABC.
Sed: Una copa llena de arena.

Espacio. Mabel y Nuria (1995)

La experiencia se concreta en la exposición *Homenaje a Joan Brossa: cuando la filosofía se transforma en arte o el arte se transforma en filosofía,* que montamos a la entrada de la escuela para el resto de clases, familias y visitantes. También la llevamos a la muestra *L'escola surt al carrer (La escuela sale a la calle),* promovida por el Ayuntamiento de Palma en aquellos años, en la que, durante unos días, los centros educativos colaboran exponiendo sus trabajos.

El acercamiento a este artista, que este grupo tuvo la suerte de conocer y con quien compartió una mañana durante su viaje de estudios a Barcelona, tiene una larga trayectoria en la escuela, tanto en Educación Infantil como en Primaria. Una muestra más de cómo la filosofía nos ayuda a conocer el arte.

El arte irrumpe con fuerza en nuestra escuela, se hace presente de muchas maneras. A nivel de centro, nos proveemos de numerosas publicaciones y reproducciones de obras de arte que se convertirán en una fuente inagotable de actividades a todos los niveles.

Se convierte en una fuente de información inherente a toda actividad escolar, imprescindible en los proyectos de trabajo. Porque no hay concepto o tema que no haya sido tratado en el mundo del arte, por tanto, sea cual sea el proyecto que desarrollamos, desde "El origen y evolución de las máquinas" a "¿Por qué y cuando se inventaron los números?", una pregunta obligada es: ¿qué obras de arte nos pueden ayudar a contestar nuestros interrogantes? No hay proyecto alguno donde el arte no pueda aportar la visión y la concreción de las ideas de fondo que lo sustentan.

Las sesiones de filosofía, las relaciones establecidas con el arte y la asistencia junto con mi hermana, Cati Sbert, a la Associació Cultural Algaida, dirigida por Víctor Andreu, ayudan también a transformar la orientación de la Educación Artística en la escuela, dando sentido a las actividades. Se parte del diálogo para entender y crear desde la comprensión, alejándonos del simple uso de las técnicas, que se convierten –ahora sí– en los medios que nos permiten expresar lo que pensamos y sentimos.

En este sentido, es crucial el papel de Angélica Sátiro, que nos ayuda desde hace tantos años. A través de los cursos y encuentros compartidos, avanzamos con los niños en este mundo inabarcable de las relaciones entre arte, creatividad y filosofía.

Al arte podemos llegar de muchas maneras, pero sólo desde el camino de la filosofía podemos llegar a plantearnos cuestiones como:

- ¿Qué vemos? (no preguntamos ¿qué hay?, que sólo nos llevaría a una simple descripción).
- Esta obra nos lleva a hablar de...
- ¿Es importante para ti?
- ¿De qué manera representaríamos nosotros esta idea?
- ¿Qué obra de arte habla de mí?

Y tantas y tantas cuestiones que dan pleno sentido a la definición de María Zambrano cuando dice que "Hay un arte para ser visto y un arte que enseña a mirar".

Es evidente que uno de los factores importantes es establecer relaciones entre las obras de arte y nosotros, en torno a lo que nos sugieren, a lo que vivimos o hemos vivido, a lo que aprendemos. Por ello, a menudo pedimos a los niños que expliciten las relaciones entre las visitas y los contenidos que trabajamos en las sesiones de filosofía. Como ejemplo, he aquí las conclusiones de un grupo cuando planteamos las conexiones entre *Pimi* y las esculturas vistas en la Fundación Joan March de Palma.

> ** La portada de Pimi también es una escultura.*
> ** Igual que nos pasa muchas veces con el libro de Pimi, algunas esculturas a primera vista no tenían sentido, pero cuando te fijabas bien o te lo explicaba la monitora, veías lo que había querido expresar o explicar el autor.*
> ** Había una escultura que tenía una parte central más "gruesa", más importante, y de allí salían las otras. Parecía como cuando hablamos: el tema y después las "desviaciones" o temas que surgen a partir del tema principal.*

** La escultura de los Oradores tiene relación con el sentido de nuestros diálogos. (Oradores I, II, III, IV y V, de Juan Bordes, cinco esculturas en bronce y hierro fundido).*
** Había cosas (esculturas o pinturas) confusas, como cuando nos hacemos preguntas que no sabemos.*

Esta visión del arte ha supuesto todo un conjunto de cambios en la escuela. Juntamente con mi hermana, trabajamos sobre la relación filosofía, arte y lenguaje, y proponemos la Educación Artística desde una dimensión filosófica, donde el diálogo y la significación guían las actividades.

Actualmente, se da un paso más, impulsado por el equipo directivo formado por Mª Antonia Crespí, Laura Seguí y Sílvia Bonet, concretado por Cati Sbert. Inicialmente, se lleva a cabo con algunos cursos y, a partir del curso 2021-2022, la propuesta se hace extensiva a toda la escuela: las sesiones de Educación Artística se hacen -siempre que el horario lo permita- a continuación de las de filosofía. Si no es posible, al inicio de la sesión de artística, se recuerda lo que se ha tratado en la de filosofía. Los temas, las ideas y los conceptos que allí surgen se trabajan y se concretan a través de las técnicas más convenientes para traducir al lenguaje plástico todo aquello que hemos hablado y ha emergido en el diálogo.

A partir de los conceptos presentes en las guías, o bien surgidos de la experiencia de tantos años de vivir los diferentes programas, se proponen las actividades. Se ha realizado una programación muy amplia a la que el profesorado puede recurrir según las ideas surgidas o las habilidades de pensamiento que se pretenden trabajar. Es un listado general, independientemente del nivel del grupo clase. A petición de algunas maestras, también se está trabajando por programas. Es el caso de *Pimi* o *El carter Joliu (El Cartero Simpático),* donde hay una programación específica. También se incluyen referencias de artistas que pueden ayudar a profundizar en los conceptos trabajados.

He aquí una pequeña muestra. Los artistas relacionados son fruto del asesoramiento de la pintora Alicia Llabrés.

CONCEPTO FILOSÓFICO Por orden alfabético	SESSIÓN ARTÍSTICA Comenzar con un círculo de diálogo recordando las ideas o temas surgidos en la sesión de filosofía. Es importante que la maestra vaya recogiendo, escribiendo, lo que van diciendo los niños.	ARTISTAS RELACIONADOS
A		
ADMIRARSE	**Diálogo: ¿De qué me admiro yo?** Cada niño contesta empezando por: *Yo me admiro de... o Yo me admiro cuando...* Cada niño lo explica plásticamente. Técnica: cartulina negra y arena. Se pone un poco de arena sobre cada cartulina. Con las manos irán haciendo formas, pensando en lo que han dicho. Con la mano se borran y se hacen otras nuevas. Es una técnica efímera, por lo tanto, es necesario ir haciendo fotos con el móvil. Se elige esta técnica por ser inusual y de resultados sorprendentes. Una vez realizada, nos admiramos de las producciones, las propias y las de los demás. 	**Tàpies** **Rebeca Horn**

AMISTAD

Diálogo: Si digo amigo (o amistad) digo...

Los amigos quedan aferrados a nuestro corazón, a nosotros. Podemos tener muchos o pocos, pero es importante en la vida tener amigos.

La técnica es la siguiente: sobre cartulina blanca vamos pegando tiras de cinta adhesiva transparente, largas, cortas... simbolizando los amigos que tenemos, que deseamos... Por encima, sin despegarlas, ponemos los colores que para nosotros estén relacionados con la amistad.

Soledad Sevilla

ANALOGÍAS

Diálogo: cada uno dice una analogía donde intervenga una parte de su cuerpo, de sus sentimientos o de sus emociones.

Por ejemplo:

"Lo que para mí es la piel, es la corteza para el árbol. Lo que para mí es llorar, es la lluvia cuando cae."

Cada uno expresa su analogía haciendo un díptico: doblamos una cartulina en dos y, en cada zona, explicamos una de las partes de la analogía utilizando témperas. Luego, aún mojadas ambas partes, cerramos el díptico y pasamos la mano por encima de tal forma que las partes se peguen; después abrimos y vemos qué ha ocurrido.

Chillida
Michèle Magema

¿Ha cambiado el significado de lo que había hecho? ¿Qué relación tiene la producción final con mi analogía?

C

CAMBIAR	**Diálogo: ¿Nuestros conocimientos pueden cambiar? ¿Puede cambiar lo que pensamos?** Algunas cosas cambian. A veces los argumentos, la manera de actuar de alguna persona o alguna situación concreta nos hace cambiar, como el agua de la técnica que ponemos en práctica. Lo explicamos dibujando con botecitos de *Betadine.* Es necesario no apretar demasiado para que el líquido salga poco a poco. Podemos completar la producción con ceras blancas. Una vez hecho, tiramos un poco de agua por encima. Veremos que cambia de color y de forma.	**Guerrilla Girls**

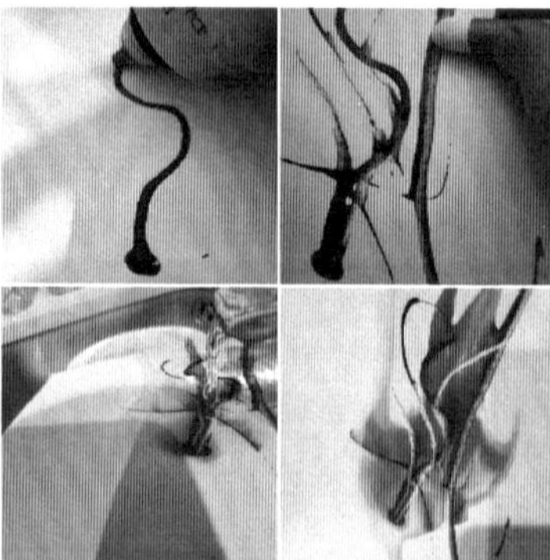

D		
DORMIRSE	**Diálogo: ¿En qué pienso cuando me voy a dormir, o para dormirme?** Explicarlo con acuarelas o témperas diluidas. Podemos pintar con algodones en lugar de pinceles. El algodón evoca la almohada, y los colores aguados el estado de somnolencia, la realidad se va diluyendo cuando entramos en el sueño.	**Odilon Redon** **Sonia Delaunay**

Se trata de vivir el hecho de que todo tiene una traducción artística: aquello que hemos compartido y hemos construido dialógicamente podemos expresarlo de muchas maneras.

De esta forma sacamos al exterior nuestro mundo interior.

ORIENTE-OCCIDENTE: KIO Y GUS

⇨ Llegaba un día en que, al despertar, la nieve cubría el tejadillo del gallinero y en la ventana se habían formado carámbanos de hielo transparente. Invariablemente, cuando mi padre abría la puerta para acompañarnos a la escuela, a pocos metros, veíamos a los ciervos. Siempre había uno o dos con cornamentas enormes e inquietantes, otros más pequeños. Todos se quedaban quietos mirándonos con aquellos ojos brillantes que jamás olvidaré. Jo me quedaba parada y mi padre me tranquilizaba diciéndome: no te preocupes, no te harán nada, bajan porque tienen gana y buscan comida.

Entonces yo sabía que aquel día comenzaba el invierno.

Porque cuando yo era pequeña no medía el tiempo ni con relojes ni con calendarios. La primavera era cuando el rosal trepador rojo y el chiringuillo (celinda) florecían y preparábamos un ramo para llevar a la escuela porque celebrábamos el "mes de María". El verano comenzaba exactamente en el momento en el que cogíamos el autobús hacia Valencia, donde el barco nos llevaría a Mallorca a pasar los mejores meses del año, todo el día en remojo y pescando. El otoño llegaba con la compra obligada de cuadernos y libros para ir a la escuela. Entonces mi madre alargaba los bajos del uniforme, que duraba años, y los fines de semana íbamos a buscar setas al bosque.

Muchos años después, Gus y Kio me hicieron recordar a menudo aquel bosque y aquel río que marcaron mi infancia. Porque la madreselva, los murciélagos y las luciérnagas eran habitantes familiares y queridos. Y las casas encantadas me llevaban a las cabañas de troncos y piedras que nosotros construíamos en el bosque, a donde íbamos a escondidas de nuestros padres.

Kio y Gus nos cautivaron. Al hablar de ellos, no puedo evitar una palabra: sensibilidad. Las continuas inferencias que los niños se ven obligados a hacer -descubrir quién habla, con quién está hablando, deducir qué quiere decir con aquella frase en concreto, ya que el significado no es explícito- se convierten en un hábito, en una disposición que enseguida aplican a todas las situaciones escolares.

En casi todas las sesiones se hacen evidentes las habilidades de suponer, hacer hipótesis e inferir, verificar supuestos y explicar; pero el énfasis reside no sólo en las habilidades cognitivas, sino también en las relacionales y afectivas que se derivan de los diálogos.

El mundo que nos rodea se hace más presente, más consciente, y cobra fuerza la relación que mantenemos con él, con los animales: la ballena que ayudó al abuelo... los animales ayudan, ¿y nosotros? ¿cómo ayudamos?

También la relación con las personas, con la familia, los amigos. Y, así mismo, nos despierta la relación con la ciencia. No sabría decir la proyección que tuvieron Kio y Gus en el ámbito de las matemáticas: el capítulo que trata del número "cuatro" nos lleva a reflexionar no sólo sobre las coincidencias, sino también sobre la simbología y el significado de los números. Incluso a cuestionarnos por qué el autor, el Sr Lipman, ha elegido el cuatro y no el tres o el cinco...

A nivel personal, el mundo de Gus y de Kio cobró un significado más amplio cuando, en un curso en Salamanca, conocí a Ricardo Piñero, quien me explicó cómo él utilizaba el libro de *Kio y Gus* con sus alumnos de la universidad. Me hizo ver cómo Kio, de origen oriental, nos presenta una percepción del mundo desde el punto de vista occidental -captar la realidad, la naturaleza de las cosas a través de los sentidos para llegar a la interiorización, a la consciencia- mientras que Gus, occidental, nos presenta la visión del mundo desde la perspectiva oriental: primero mira hacia dentro, explora la consciencia. Uno parte del mundo exterior y la otra del mundo interior. Son dos caminos diferentes que llegan a un mismo punto de encuentro.

Fritjof Capra, en su libro *El Tao de la Física,* explica las relaciones entre la física moderna y el misticismo oriental. La ciencia y el misticismo como dos manifestaciones de la mente humana, de sus facultades racional e intuitiva. *Kio y Gus,* de una manera muy sencilla, son exponentes de este binomio.

Ello me hizo valorar la magnífica construcción de la novela y me hizo leerla, vivirla y considerarla de una manera diferente.

La ceguera de Gus nos lleva a trabajar indistintamente la empatía, a ponernos en el lugar del otro. Las propuestas que surgen son entrañables. Mirar la televisión con los ojos cerrados o vendados y ver qué captamos. Descubrir si somos o no capaces de adivinar el programa que están emitiendo y, si lo adivinamos, pensar qué hemos hecho para deducirlo; quizá nos ha ayudado la música introductoria que ya conocíamos, las voces de los personajes, etc. Hacer recorridos en la escuela o en el patio, también con los ojos cerrados. Escuchar a los otros para adivinar, a través de la voz, quién es o su estado de ánimo. Captar los movimientos de los compañeros que se desplazan aparentemente en silencio. Salir para oír los sonidos que nos rodean. En todas ellas, los otros sentidos cobran relevancia.

Particularmente entrañables son las sesiones derivadas de la lectura del episodio en el que su padre, juntamente con Kio, le explican a Gus algunos conceptos y, en particular, los colores. La propuesta de cómo se lo explicaríamos nosotros tiene unas posibilidades inmensas. Rebeca propone este diálogo:

> *- Gussi, ¿tú sabes cómo es el color azul?*
> *- No, no lo sé.*
> *- ¿Tú sabes qué ruido hace el mar? Pues el color azul es como el ruido que hace el mar.*

Así van surgiendo los colores asociados al resto de los sentidos:

> *¿Sabes cuando estás quieto en el campo y sientes su olor? Pues el verde es como el olor del campo.*
> *Y el amarillo como el calor del sol....*
> *Y el rojo como el gusto de las fresas...*

En estas ocasiones, los niños van más allá de las relaciones entre objetos y colores. Se sienten implicados en el deseo de ayudar a Gus a comprender, a contribuir en la idea de los colores prescindiendo del sentido que hacemos servir los videntes. De todo eso se desprende, entre otras cosas, que se amplían determinados conceptos: el blanco y el azul no sólo son colores, sino que devienen olores, sonidos, sabores, texturas... Y cobran relevancia los sentidos que utilizamos menos de manera conscientes en los aprendizajes cotidianos. Entonces se produce el tránsito de la sensación a la percepción.

También se constata la dificultad de construir las ideas y de cómo estas son diferentes según el sentido que hemos priorizado para su formación.

Pero, sobre todo, está presente el esfuerzo de ponerse en el lugar del otro. A lo largo de las sesiones se va creando una sensibilización especial en este aspecto y surgen comentarios como: *¿Ves? Esto Gus no podría entenderlo,* o *¿Cómo se debe imaginar ella...?*

Al mismo tiempo, se van contrastando las maneras de "ver" y de "hacer" de los dos personajes, que dos alumnos explican así:

> *Para hacer un elefante de plastilina, Kio cogería una bola gruesa y le añadiría cuatro patas. Con un trozo largo le haría la trompa y dos trozos delgaditos y grandes harían de orejas. Un trocito muy delgado haría de cola.*
>
> *Gus primero cogería un trocito de plastilina que sería el corazón, después le haría los intestinos, los pulmones y*

los huesos. Con más plastilina haría la carne y después la piel y le pondría las cuatro patas, una cola, una trompa, dos ojos, una boca y las uñas.

Así, mientras hablamos, surgen situaciones que exceden el ámbito escolar. Como dice Javi: *Estoy pensando que si Gus no fuese ciega quizá nunca habríamos hablado de este tema en la escuela.*

Los temas que surgen después de haber leído la introducción de la novela son extraordinariamente ricos y muy diferentes según los grupos. Un ejemplo de pizarra, cuando preguntamos de qué nos gustaría hablar, ilustra lo que digo:

- *Sobre si puede que sean animales, Gus y Kio.*
- *A mí me gustaría hablar de animales que quieren ser otros animales (lo que nos lleva a hablar sobre qué nos gusta de nosotros mismos).*
- *¿Somos iguales o diferentes?*
- *A mí sobre los animales que viven bajo tierra (lo que nos conduce a la ceguera)*
- *Sobre cómo aprendemos: ¿dónde aprenden las personas? ¿Si alguien está solo, también puede aprender?*

Esta última propuesta nos lleva a hablar sobre cómo podemos aprender los individuos de nuestra especie y de otras especies, y de allí a la supervivencia.

Decir ***Kio y Gus*** es decir filosofía y naturaleza. De hecho, la guía para el profesorado lleva por título ***Admirando el mundo.*** A menudo las sesiones nos conducen a temas directamente relacionados con el medio ambiente, la extinción de las especies... En definitiva, al cuidado y a la conservación del planeta en el que vivimos.

Es entonces cuando recurrimos a ***Ecodiálogo,*** un programa que, a partir de obras de arte, nos adentra en los cuatro elementos –agua, fuego, tierra y aire– y nos hace tomar conciencia de nuestras responsabilidades individuales y grupales. Si bien es un complemento extraordinario para *Kio y Gus,* puede utilizarse en cualquier nivel y también como programa independiente. Las actividades son extensas y variadas, y siempre van acompañadas de propuestas de piezas musicales que redondean los temas que tratamos.

Ecodiálogo: relacionamos los elementos con hábitats y animales presentes en la novela de *Kio y Gus,* buscando frases significativas extraídas de ella.

De los años que compartí con los alumnos el programa que ocupa este apartado, recuerdo particularmente emocionada dos grupos con los que realizamos procesos más largos, uno sobre las relaciones entre Kio y Gus, Escher y el infinito y, el otro, sobre el concepto de "tiempo".

Sobre la idea de tiempo

Un día de enero de 1999, con un grupo de tercer curso, al empezar recordamos la sesión anterior en la que, estirados en el suelo, sobre las colchonetas de la sala de juegos y con los ojos cerrados, escuchamos el episodio cuarto del capítulo primero, en el que

Kio está dentro de la bañera y se va imaginando que es ahora un pez, ahora un submarino... Después, en casa, cada uno debe pensar en qué momento se había encontrado mejor y, si quería, podía dibujarlo.

Hay quien entiende que el mejor momento no se refiere a la sesión sino a "toda su vida en general", por lo que se dibujan situaciones muy diferentes.

Alguien comenta que vuelve a surgir el tema de la madre de Kio, cuando dice "era un pez", y añade que dice "era" porque ya ha pasado. Surge la relación con los adverbios de tiempo, de los que hablábamos en días anteriores en clase de lenguaje y vemos que hay palabras –mañana, ayer, hoy, antes, después, ahora...– que nos sirven para explicar cuando suceden las cosas. Entonces mi pregunta es: ¿De qué otra manera podemos representar el tiempo que no sea con palabras?

Las propuestas se multiplican:

> *- Podemos hacerlo con decenas: 10-20-30.*
> *- Si lo colocamos de manera diferente serían 30-20-10.*
> *- Los números pueden cambiar, pero el ahora siempre está en medio, antes a la izquierda y después a la derecha.*
> *- El presente siempre está en medio porque si estuviese el presente antes ja no sería presente, sería pasado.*
> Maestra: ¿El presente se puede convertir en pasado?
> *- Sí, hace unos segundos era presente y ahora ya no.*
> *- También se puede hacer con letras, mira: ABC.*
> *- O con colores: pasado si nos ha gustado, si es muy alegre o triste...*
> *- No, mira: si nos gusta, verde; después un poco naranja y, si no nos gusta, rojo.*
> *- Si no nos gusta, negro.*
> *- ¿Por qué? El negro es muy bonito.*
> *- ¿Y por qué no puede ser blanco - gris - negro?*

- Viene a ser lo mismo que con los números.
- Pero el futuro sería negro...
- ¡Con animales! Un elefante, que es muy grande, un leopardo, que es mediano y un perro que es más pequeño.
- Maestra: Si alguien entra y ve las tres imágenes, ¿pensará en pasado, presente y futuro?
- No, pensarán en grande, mediano y pequeño.
- Pues no sirve.
- Con fotos: una de ahora, una de cuando estábamos en casa y una de...
- Una de cuando éramos pequeños, una de ahora y, para "después", hacer un dibujo de cómo pensamos que seremos, porque foto no puede ser.
- O el futuro dejarlo en blanco.
- Eso de los animales yo sé otra manera: los que ya no existen serían el pasado (algunos dicen "los dinosaurios"); los que hay ahora, el presente; los que habrá diferentes de ahora, el futuro.
- Hay un problema: no sabemos qué animales surgirán.
- Pero los podemos imaginar.
- Siempre tendremos un problema con lo que vendrá después: podemos imaginar, pero no es seguro, la parte del futuro siempre tendremos que dejarla en blanco o hacer el dibujo que imaginemos.

Cuando estos niños y niñas tenían cinco años hicieron un trabajo de Educación Artística en el que acordaron la representación del tiempo como recuerdo. En aquella ocasión, cada uno iba explicitando y argumentando cual era "su mejor recuerdo" y de qué manera lo plasmaría artísticamente. En aquel proceso emergieron diferentes concepciones del "tiempo".

Al leer *Kio y Gus* se compara la experiencia pasada –ideas, conversaciones y concreciones plásticas– con las propuestas actuales y nos damos cuenta de la evolución tanto personal como de grupo.

Finalmente, llegamos a diversas representaciones de la idea que tenemos de "tiempo":

- Ayer: un chupete, hoy: un móvil, mañana: un bastón.
- Un carruaje con caballos para antes; un coche de ahora y, para el futuro, una nave espacial.
- La portada de Kio y Gus, el libro abierto y la contraportada.
- A - M - Z.
- Bebé que va a gatas, persona adulta y persona mayor con bastón.
- O al revés: grande porque ha nacido primero, mediano porque ha nacido después y pequeño porque ha nacido el último.
- Una pelota nueva, pinchada y desinflada.
- Un pollo vivo, cocinado y los huesos que quedan en el plato después de haberlo comido.
- Con los signos +, −, x, porque primero aprendes a sumar, después a restar y después a multiplicar.
- O también −, +, x, porque en el pasado había menos cosas, la suma es el presente porque sabemos más cosas y hay muchas más cosas que antes, y el "x" es el futuro porque las cosas que pasan, y todo, se va multiplicando y multiplicando...
- Un sol que empieza a salir, uno que está en el mediodía y después la luna y las estrellas.
-Con una danza: primero te preparas, después bailas y el saludo final.

Lo importante es que todas estas imágenes llevarán a quien las mire a hablar de la idea de tiempo.

En total se dedican tres sesiones y, durante los diálogos, surgen muchas interacciones que llevan a argumentar y, sobre todo, a reflexionar sobre las aportaciones de los demás y la construcción colectiva de la idea de tiempo. Transitamos los caminos de los recuerdos, de las cosas que han sucedido hace mucho tiempo, de la memoria, de qué hacemos para recordar, de cómo pensamos que funciona nuestro cerebro y de cómo poco a poco nos damos cuenta de que vamos mejorando.

Tiempo y espacio son temas recurrentes en las sesiones de filosofía y nunca olvidaré la definición de tiempo que en un diálogo de *Pimi* recogí de dos alumnos de sexto:

> *- Tiempo es eso que impide que dos cosas pasen a la vez.*
> *- Tiempo es aquello que siempre me va delante y por más que corra nunca llego a cogerlo.*

Como es de suponer, ambas son motivos de discrepancias y de nuevas intervenciones.

Muchos son los procesos creativos que han tenido el origen en las sesiones de filosofía, como el que nos llevó a relacionar Kio, Gus, Escher... y el infinito. Una vez más, el arte nos ayuda a comprender mejor y a poder expresar nuestras ideas de una forma diferente.

En el apartado dedicado a Pimi, hablamos de la importancia del escrito. Aunque siempre ha estado presente -en el manual de *Pimi*, el primero en llegar, ya hay espacios para que los alumnos dibujen-, en un determinado momento, comenzamos a dar importancia al dibujo, a utilizarlo por diferentes razones y con objetivos diversos.

Dibujar lo que nos ha sorprendido del relato o la palabra que destacaríamos de un determinado fragmento, es diferente de la propuesta de dibujar lo que ocurre en el episodio con todos los detalles posibles para que, al mirarlo, podamos reconocer aquel momento de la novela y podamos visualizarlo si decidimos leerlo de nuevo.

En estas ocasiones, el dibujo tiene mucha relación con la comprensión y, para muchos niños, es otra forma de expresión. Es muy importante acordar y recalcar que no buscamos la perfección y que cada uno dibuja a su manera, que cada cual se expresa de una forma diferente y todas son igualmente válidas.

Kio y Gus nos proporcionan motivos y escenarios para recrear con las propias producciones. He aquí un par de ejemplos bien diferentes. El primero responde a la consigna de ilustrar la frase que más me ha llamado la atención de la lectura de hoy. El segundo representa la esencia de la novela según la autora. En el tercero el objetivo es reflejar el episodio segundo del capítulo tercero con la mayor fidelidad posible.

DIBUJO 1: La frase que más me ha gustado del episodio que hemos leído: "Txaikovski se pone nervioso y tira a Kio". Lorena M., tercero de Primaria (curso 2003-2004)

DIBUJO 2:Lo esencial de Kio y Gus según Aina S., tercero de Primaria (curso 2003-2004)

DIBUJO 3: Ilustramos el episodio con la mayor cantidad de elementos que salen en él. Lorena M., tercero de Primaria (curso 2003-2004)

Para acabar este capítulo, he aquí una de las conversaciones finales donde compartimos qué nos han aportado Kio y Gus (cuarto de Primaria, 2009)

> *- Cada episodio cuenta una cosa diferente, que también nos pasa hoy en día.*
> *- A mí me han gustado las palabras nuevas, como "susurrar".*
> *- También cómo ser buena persona, las cosas que debemos hacer y las que no.*
> *- Sentirse como se sienten los demás.*
> *- Nos enseña a vivir, como lo del miedo, lo que te pasa a ti, lo que nos pasa a todos y cómo podemos superarlo.*
> *- Había un capítulo que hablaba de la extinción de los animales. Nos enseña a respetar a los otros seres vivos.*
> *- Hay pocos libros que hablen tanto de animales y de la tierra.*
> *- También habla de la amistad: Gus tiene que confiar en Kio.*
> *- Este libro es para dar opiniones.*
> *- Y para hacer hipótesis.*
> *- Yo creo que hemos aprendido a rectificar, a relacionar y a saber quién habla en cada episodio.*
> *- A mí me ha hecho entender cosas que antes no entendía y a hacer cosas que antes no hacía.*

LLEGA UN CARTERO

➪ ¿Tú sabes escribir mi nombre? Sí. ¿Y el de mi hermana? Se llama Alba. También. ¿Me lo escribes y yo lo copiaré? ¿Para qué quieres hacerlo? Para regalárselo, ella es más mayor y así verá que yo también he aprendido a escribir en la escuela.

Enric lo copia con cuidado y me lo enseña: Ahora lo doblaré y se lo daré como una carta. ¿Quieres un sobre? Sí, así parecerá de verdad, las cartas son importantes porque dicen noticias. Quizá los demás también quieren escribir cartas...

Y colocamos un buzón en la clase.

(Segundo día de curso con niños y niñas de cuatro años.)

Aunque la guía se edita posteriormente, en nuestra escuela, en el curso 1993-1994 apareció un cartero, ***El Cartero Simpático,*** un programa especialmente dirigido al alumnado del Primer Ciclo de Primaria, que venía a llenar el hueco que había en el Proyecto de Filosofía 6/18 para esta etapa.

Debo decir que yo conocía el libro de Janet y Allan Ahlberg y que incluso lo había trabajado, tiempo atrás, con un grupo de quinto curso en el área de lenguaje por la riqueza que supone la pluralidad de textos que contiene. Cuando leí la propuesta de Irene de Puig en ***Cuentos para pensar*** para trabajar y disfrutar con este cartero en las sesiones de filosofía, fui consciente de la enorme diferencia que existe entre las actividades puramente escolares y la profundidad que implica un diálogo filosófico, con las consecuencias que de él se derivan.

El estímulo era el mismo, un libro original que nos lleva a pasear por el universo de unos cuentos muy conocidos; pero las cuestiones de fondo que cada uno de los relatos nos lleva a compartir, la infinidad de situaciones cotidianas que nos vemos obligados a contemplar detenidamente y el análisis de aquello que consideramos evidente y que no lo es tanto, hacen que miremos con otros ojos este libro. En consecuencia, eso nos lleva a pensar que todo puede tener una dimensión filosófica que es necesario descubrir.

El Cartero Simpático nos hace desarrollar una capacidad creativa inusual. Nos adentramos en la ironía y el doble sentido de los cuentos. Las actividades que se nos ocurren requieren de una imaginación particular... En mi recuerdo quedan, entre otras muchas cosas, el catálogo que preparamos para brujas y brujos, ampliando el que recibe la bruja del cuento, donde se incluyen productos tan sugerentes como: *Nube mágica, para brujas que no tengan escoba. La nube les llevará allá donde quieran. Precio 100 euros. A partir de 8 años.*

O bien: *Velas en forma de bruja. Cuando se acaba la vela se cumple el deseo que pidas. 20 euros. Para más de 8 años.*

Y este otro: *Esencia de aliento de sapo, para encantamientos difíciles: 80 euros.*

El grupo de maestras que llevamos a cabo el programa nos damos cuenta de la importancia de los materiales a utilizar en las sesiones para promover la intervención de todas las criaturas. De manera que elaboramos determinados materiales que después extrapolaremos a otros programas. Algunos de ellos son los siguientes:

* Ampliamos la portada y recortamos todos los personajes, que se convierten en personajes móviles que se pueden repartir, haciendo que cada alumno asuma su papel.

* Fotocopiamos los personajes de la portada y, en bocadillos aparte, como los usados en los cómics, escribimos posibles frases sugeridas por los alumnos. Después jugamos al *¿Quién dice qué?*, un juego donde las inferencias y argumentos están servidos.

* Hacemos una recopilación de reproducciones de arte donde están presentes personas que reciben, leen o escriben cartas. Jan Vermeer nos proporciona una colección inestimable de mujeres en estas situaciones que conducen al diálogo, no sólo sobre la evolución de los servicios postales o de los materiales de escritura, sino también sobre el mismo significado del hecho de leer o escribir.

* En una bolsa grande o bien en una caja, colocamos objetos relativos a los personajes de la portada. Vamos ampliando la colección a medida que avanzan las sesiones y surgen los diferentes cuentos: unas botas, una capucha roja, un platito, una luna, un sobre, una sillita de juguete... Las actividades y las reflexiones posteriores de lo que ha sucedido cuando jugamos con este material son múltiples, desde representaciones hasta el montaje de una exposición final de los elementos recogidos.

* Otra colección es la relativa a las diferentes bicicletas que encontramos en el mundo del arte o en diferentes fuentes de información, que nos llevan a hablar de la evolución de este medio de transporte y de la particular visión de los artistas.

Como ya hemos dicho, el arte es uno de los ejes del proyecto de filosofía y, en referencia a los cuentos que integran el libro *El Cartero Simpático,* la opción de hacer diferentes colecciones según los intereses que van surgiendo es extraordinariamente variada.

A los niños les gustan mucho las colecciones de diferentes elementos y, aunque hoy en día los mensajes escritos en papel van decreciendo, reunir conjuntos de los textos que van surgiendo –catálogos, cartas, postales, avisos– contribuye a estimular el lenguaje escrito y a darse cuenta de su importancia. Con algunos grupos acabamos haciendo colecciones de textos que después clasificamos a partir de criterios propios y que sirven para iniciarse en la idea de que no todos los textos son iguales ni van dirigidos a la misma gente, ni persiguen los mismos objetivos.

Con un grupo de segundo curso de Primaria, con motivo de la postal que recibe el gigante, hacemos la propuesta de escribirle la nuestra: ¿qué le diríamos nosotros si fuésemos Jack? He aquí algunos ejemplos:

> – Hola gigante. Un niño ha estado por tu casa. Yo sé que te ha molestado por tu casa. Te ha quitado la gallina porque era pobre y por eso te la ha quitado y ahora es rico. Ya sé que te lo podía haber pedido. No te lo ha pedido porque tu mujer le ha dicho que si tú lo vieses te lo comerías. Adiós gigante.
>
> – Hola soy Jack, el niño que te quitó la gallina, ¿te acuerdas? La gallina hace muchos huevos de oro y con estos huevos ya no tenemos problemas. Gracias.
>
> – Perdón por quitarte la gallina.
>
> – Gigante, quiero que sepas que no te daré la gallina. ¡ADIÓS!
>
> – Gigante de las habichuelas mágicas, perdón por cogerte un huevo, pero tú tienes más gallinas y, en cambio, yo soy pobre. Adiós.
>
> – Hola gigante, soy Jack. No te devolveré la gallina porque me haré rico. Adiós.

– Querido gigante: soy Jack y vendré a darte la gallina de los huevos de oro el día 5-12-96. Hasta pronto.

Como se puede comprobar, hay diversas opiniones que dan pie a reflexionar sobre múltiples temas.

También elaboramos recopilaciones de actividades que, posteriormente, nos sirven para otros programas, especialmente en Educación Infantil, aunque todo material, debidamente acondicionado, es utilizable en todas las edades. De esta manera, partiendo de la portada y centrándonos únicamente en los personajes que salen, las posibilidades son muy variadas:

- Reconocerlos.
- Qué otros personajes de cuentos conocemos.
- Quién tiene cartas y quién no. ¿Por qué debe ser?
- Identificarse con uno de ellos: ¿cuál te gustaría ser?
- Crear un diálogo entre diferentes personajes.
- ¿Tienen objetos que nos ayuden a identificarlos?
- ¿Pueden intercambiarse los objetos? Por ejemplo: ¿para qué le servirían a Caperucita Roja las botas del gato?
- ¿Qué objeto nos gusta más?
- Crear una portada alternativa: ¿qué personajes añadiríamos?
- Todo el mundo piensa y hace preguntas a uno de los personajes.
- Les escribimos cartas.
- Les damos consejos.

Uno de los aspectos más interesantes a destacar son las preguntas insospechadas que surgen de los niños. Los cuentos pueden provocar cuestiones de las que espontáneamente no se hablaría. Los alumnos se acostumbran a no admitir nada como un hecho dado y nos sorprenden sus interrogantes:

- Yo quiero preguntar cómo puede subir el cartero a darle la postal al gigante. (sobre el apartado de Jack y las habichuelas mágicas).
- ¿Por qué los osos dejaron la puerta abierta?
- ¿Quién te ha enseñado a volar? (a la vaca de la portada, que lleva una carta y está en el aire, con la luna)
- ¿Rizos de oro va a la escuela?
- ¿Qué pasaría si nadie, nadie, supiese leer ni escribir?
- ¿Y si no hubiese escuelas?
- ¿Cómo aprenderíamos?

También hay retos como el que nos sugiere Irene de Puig: ¿Es lo mismo feliz que contento? Esta sencilla pregunta lanzada a niños de seis y siete años es la piedra en el estanque, con resonancias imprevisibles que nos llevan a la conclusión de que a estas edades son capaces de distinguir, ejemplificar y definir conceptos. He aquí un fragmento del diálogo de un grupo de segundo curso, recogido en el libro de actas colectivo:

- Contento es que ahora un niño quiere un helado y su padre se lo compra: el niño está contento. Feliz es que ahora te tienes que ir de viaje y como no has ido nunca te sientes feliz, porque no has ido nunca.
- Yo iba a decir lo mismo porque yo sólo he ido de viaje una vez y estaba muy, muy feliz... Estaba contenta porque me iba en barco, y estaba feliz porque vería a mi familia.
- La familia te cuida y el barco no.
- Y para ser felices te tienen que cuidar un poco.
- A mí lo que me haría feliz es aprender a leer.

A la hora de hacer el resumen ponen ejemplos de cuando estamos contentos:

- Cuando me regalan alguna cosa.
- O cuando compras tu alguna cosa.
- Estás contento cuando te basta el dinero.
- Cuando te cuentan un cuento.

Y ejemplos de sentirse feliz:

- *Ir de viaje.*
- *Aprender a leer.*
- *Ver a la familia. Ir a visitarla.*
- *Estar con la familia.*
- *Aprender a escribir.*
- *Aprender cosas, aprender todas las cosas.*

Con *El Cartero Simpático,* en el Primer Ciclo, incorporamos los **álbumes de actas** de cada sesión y, así, hablamos sobre la importancia de dejar huella, de narrar la historia del grupo. Al final de las sesiones recapitulamos: ¿qué hemos aprendido hoy? ¿qué hemos hecho de importancia? Y la maestra recoge el resumen y una muestra del trabajo hecho, de forma que cada día queda registrada la producción de al menos uno de los alumnos o, a veces, la de todos si la tarea ha sido colectiva. Pero lo más importante es el resumen del diálogo, de manera que, si no cada día, a lo largo del mes todos los alumnos ven reflejadas sus intervenciones.

Comenzar la sesión leyendo el acta anterior es establecer una continuidad, un hilo que va tejiendo nuestra historia.

Pero, si hay un acontecimiento importante a raíz de este cartero tan especial, es la implicación de un compañero del Seminario de Formadores, Joan Carles Alzamora. A lo largo del curso 1995-1996, recogemos todas las conversaciones de un grupo de segundo de Primaria, que él nos ayuda a analizar, cosa que enriquecerá las sesiones del Seminario Permanente de Filosofía 3/18.

Para acabar el curso, escribimos una carta al Cartero Simpático. Precisamente aquel día le es imposible asistir, pero nos envía una carta llena de cariño a través de un amigo suyo, también cartero, que nos visita y asiste a la fiesta final, donde cada uno se disfraza de su personaje de cuento favorito. La noticia saldrá en una edición especial del diario de la escuela y la foto formará parte de la portada del libro de actas.

Portada del cuaderno de actas colectivo de segundo de Primaria. (curso 1995-1996)

Portada del cuaderno de actas colectivo de primero de Primaria (curso 1996-1997)

A nivel personal, durante el curso 1995-1996, paso a formar parte del Equip de Suport a la Immersió, de Palma. Juntamente con otras maestras de este equipo, especialmente con Xisca Mulet, introducimos el Proyecto de Filosofía 3/18, en concreto el programa *El Cartero Simpático*, en las actividades llevadas a cabo en cuatro de las escuelas donde impartimos las sesiones de refuerzo, entre las cuales se encuentra mi centro. La colaboración de las maestras tutoras es extraordinaria y nos permite llegar a diversas conclusiones, que exponemos en el III Congreso Europeo de Programas de Inmersión, celebrado en Barcelona del 25 al 28 de setiembre de 1996. Se presenta una comunicación, una breve síntesis de los objetivos y de la importancia de la incorporación del Proyecto de Filosofía 3/18 en las escuelas de Palma donde se aplica el Programa de Inmersión Lingüística y de las repercusiones positivas que, para maestros y alumnos, supone la enseñanza y el aprendizaje de una segunda lengua desde un planteamiento basado en el diálogo y la discusión filosófica.

Las conclusiones del profesorado participante sobre lo que aporta la filosofía en un aula de inmersión son claras. Atendiendo a que en este proyecto se utiliza un método de tradición filosófica como es el diálogo, el uso de la argumentación en la expresión oral hace de él una herramienta adecuada para:

- Aprender la segunda lengua de tal forma que las repeticiones, las correcciones, las precisiones léxicas, la ampliación de las frases, el rigor en su construcción y la organización se den por sí mismos.
- Facilitar un planteamiento del aprendizaje de la lengua no de manera mecánica, sino desde la comprensión y el razonamiento. Cuando se crean determinadas actividades, adecuadas a las características de las aulas de inmersión, a veces se cae en una rutina a nivel de estructura, lo cual no sucede en las sesiones de filosofía, ya que la situación es nueva cada día: se parte del tema que sugieren los alumnos o surge a partir de las situaciones que provocan el cuento o el episodio correspondiente.

- En consecuencia, la calidad de las conversaciones aumenta: no se trata sólo de estructurar frases, de hilar palabras... Las producciones son fruto de un razonamiento previo y como respuesta a la necesidad de intervenir, de aportar la propia opinión.
- Favorecer la evolución de la dinámica del diálogo: disminuyen las intervenciones de la maestra y se incrementa el cruce de aportaciones entre los alumnos.
- Desarrollar las habilidades cognitivas al mismo tiempo que mejoran las relacionales y las afectivas.

La inmersión lingüística es el substrato donde se desarrollan las otras actividades. Sus premisas básicas son la contextualización de los elementos trabajados, el refuerzo del gesto y las expresiones no verbales, las verbalizaciones repetidas y la creación en el niño y la niña de la necesidad de hablar.

Todo ello surge de manera natural en las sesiones de filosofía. Y, en su implementación, un cartero muy simpático tuvo un papel muy importante.

ARTE, CUENTOS Y JUEGOS PARA LOS MÁS PEQUEÑOS

Por primera vez tenía un grupo de Educación Infantil. Aunque era el primer día de clase, en aquella escuela estaba estipulado que las familias no entraban al aula, de modo que, después de conseguir una hilera muy irregular de 34 niños, pude llegar a la clase donde, en previsión de posibles fugas y aconsejada por una compañera, cerré la puerta.

Si por el camino ya sonaban algunos lloros, al llegar a la clase la tormenta estalló, contagiando prácticamente a todo el personal. Quien no lloraba miraba a los demás como meditando si debía solidarizarse o no.

Sentados en el suelo, sin consuelo posible –ni marioneta ni cuento gigante sirvieron de nada– el clamor más extendido, con diferentes variantes era: ¡¡¡Yo quiero ir con mi mamá!!!

En un momento dado, alzando la voz para hacerme oír, dije: ¡Yo también quiero ir con mi mamá! De repente las voces se apagaron hasta que una niña exclamó: ¡Tú no tienes mamá! ¡Que sí que tengo! Respondí a punto de romper a llorar yo también.

Muchos ojos se abrieron asombrados. Y empezamos una conversación interesante. Mirando a su alrededor uno preguntó: ¿Y tú dónde duermes? Y otro: ¿En aquel armario está tu ropa?

Entré de lleno en un universo en el que las concepciones sobre el mundo difieren notablemente de las mías. Por ejemplo, el bosque, a pesar de la inmensidad de cuentos en donde está presente, es un bosque único, donde vive todo el mundo y suceden cosas, de la misma manera que único es también el lobo, personaje de vida azarosa que suele salir malparado de las aventuras con diferentes animales o personas y no escarmienta, porque reincide en sus malas ideas. Sólo se salva cuando no se sabe bien por qué razón se convierte en el "lobito bueno" al que pone música Paco Ibáñez. Pero todo tiene una explicación porque, como decía Elena, le pasa lo mismo que a nosotros: que somos un poco buenos y, a veces, un poco malos.

¿Qué hace que una simple actividad pase a ser una actividad filosófica? Simplemente la reflexión, la reflexión sobre el proceso, sobre los sentimientos que ha provocado, sobre las relaciones surgidas entre lo que ha sucedido y también entre nosotros.

Podemos hacer un puzle y pasar un rato entretenido, pero cuando, por grupos, repartimos puzles de diferentes dificultades y al final compartimos cómo lo hemos hecho, qué hemos pensado mientras lo hacíamos, qué decisiones hemos tomado, qué nos ha costado más y qué otras situaciones en la vida se asemejan a hacer un puzle, entonces estamos entrando en el terreno que prepara para el pensamiento filosófico.

El programa para los más pequeños –***Jugar a pensar***– se basa en los cuentos, los juegos y el arte. Estas tres columnas conforman el andamiaje para el desarrollo de las habilidades de pensamiento, que son uno de los ejes del proyecto. En este caso se priorizan las que son más adecuadas para la etapa de Educación Infantil, que al mismo tiempo son básicas en el resto de los programas y comunes a todas las áreas de aprendizaje.

Nos llega en el curso 2000–2001, de la mano de Irene de Puig y Angélica Sátiro, después de una demanda continuada al GrupIREF, desde diferentes escuelas, de un programa para los más pequeños. En realidad, no se trata de introducir un planteamiento nuevo porque, de hecho, los juegos, los cuentos y las actividades artísticas están presentes en las aulas. Lo que sí es nuevo es el diálogo posterior que explora posibilidades, que nos hace plantearnos cuestiones que no nos habíamos planteado antes y que da un significado nuevo a aquello que acabamos de hacer, ya sea contar un cuento, hacer un juego o hablar sobre una obra de arte. Un significado de cariz filosófico.

Irene de Puig, en su libro *Fer filosofia a l'escola,* (pàg 198), nos dice que el "objetivo de este programa es sistematizar algunas experiencias dándoles una coherencia y una consistencia educativa a través del diálogo". Y continúa diciendo: "La finalidad no es convertir a los niños y las niñas en pequeños o grandes filósofos, sino en individuos que conozcan los elementos suficientes para tomar decisiones, que prevengan las consecuencias de sus acciones, y procurar que sean más reflexivos, considerados y razonables: es decir, se trata de mejorar la acción".

Para los maestros, el manual *Jugar a pensar* es algo que va mucho más allá de un libro de recursos porque, en la segunda parte, dedicada a las habilidades de pensamiento a trabajar con los más pequeños, pueden encontrarse no solo la definición rigurosa de cada una de ellas, sino todo un abanico de actividades para trabajarlas a partir de los juegos, los cuentos o el arte. Al final de cada apartado, se recogen las preguntas que, como docentes, podemos proponer a nuestros alumnos. Para nosotros se convirtió en un libro de consulta imprescindible a todos los niveles, independientemente del programa que se llevaba a cabo en las aulas.

Para los niños, Juanita, protagonista viajera de **Jugando a pensar con cuentos,** se convierte en la introductora de las sesiones, compañera y referente de muchas de las cosas que pueden suceder en un aula.

Los juegos

No es necesario justificar la importancia del juego como placer al tiempo que herramienta de desarrollo y aprendizaje desde los primeros momentos de la vida. En Educación Infantil es el motor de la mayoría de las actividades.

Hay infinidad de juegos, algunos precisan de destreza física, otros manual o mental... La clasificación sería exhaustiva y hay una bibliografía abundante al respecto. Por lo tanto, cualquier juego (una carrera de obstáculos o descubrir qué hay en la bolsa de las sorpresas) puede ser el punto de partida para un diálogo lleno de posibilidades.

Lo que cambia es la intención, la cuestión de fondo que hay implícita en cada juego y que nos servirá para trabajar una determinada habilidad de pensamiento. Una cosa importante es hacer ver a los niños cuales son estas habilidades y ponerles nombre. Con los juegos evidenciamos cuestiones importantes: aunque son una fuente de diversión, no están exentos de la necesidad de esfuerzo, de la necesidad de constancia, de concentración, de perseverancia para lograr aquello que queremos conseguir. El juego nos prepara para muchas situaciones de la vida. Trabajar los paralelismos ayuda a establecer relaciones.

En *Jugar a pensar* se propone una gran cantidad de juegos muy diferentes, algunos de los cuales implican movimiento, como el de la gallinita ciega, juegos de mesa, de creatividad... Entre estos últimos, hay uno que tiene gran aceptación, no solo en las clases de Infantil. Me refiero al que consiste en dar una figura geométrica o tres líneas unidas por un punto y preguntar qué podría ser.

Poner en común los dibujos individuales resultantes y compartir cómo y por qué hemos pensado en aquella forma determinada –una estrella, un cohete, la parte de un barco, un árbol tumbado...– nos lleva a pensar en cómo hemos considerado varias posibilidades, cómo hemos relacionado una pequeña parte de un elemento con el todo, cómo hemos interpretado de manera tan diferente los unos de los otros unas simples líneas. E incluso a considerar cómo hay líneas y formas geométricas presentes en todo nuestro alrededor. Es el primer paso para identificar la estructura interna de las cosas.

En definitiva, el juego no sólo es el punto de partida, sino también la herramienta que posibilita el desarrollo y la creatividad de los humanos.

En este sentido, he de mencionar la XXIII Conferencia Filosofía 3/18, "Hacer y pensar: El juego en Filosofía 3/18", convocada por el GrupIREF y celebrada virtualmente en mayo de 2021. En ella se trata el juego en todas las edades, con la participación de profesionales que aportan fundamentación teórica y una fuente inacabable de recursos.

Los cuentos

En *Cuentos de hadas. Alegorías de los mundos internos,* J.C. Cooper dice:

> "La fascinación que ejerce el cuento de hadas en todas las edades radica en que revela nuestra propia naturaleza interior, con infinitas posibilidades espirituales, psíquicas y morales. Es la búsqueda del significado de la vida".

Pues sí, en todas las épocas y civilizaciones los mitos, los cuentos y las leyendas han permitido introducir a los niños en su cultura, en su comunidad y en los valores compartidos.

En los cuentos volcamos proyecciones personales que nos ayudan a crecer: siempre he pensado que, si llegamos a la adolescencia sin haber escuchado determinados cuentos, nos han estafado la vida. Los cuentos contienen elementos mágicos que nos permiten resolver situaciones internas propias de cada etapa de nuestra existencia. Cuando somos pequeños, no nos cansamos de oír una y otra vez los mismos cuentos y, al volvernos mayores, los recordamos con agradecimiento y, yo diría, una pizca de nostalgia.

El primer día de clase, cuando tengo un grupo nuevo les pregunto: ¿Qué os gustaría conservar del curso o cursos anteriores? Un grupo de quinto, entre otras cosas, me hizo una demanda peculiar: *Que una vez a la semana nos cuentes un cuento, como cuando éramos pequeños y venías a nuestra clase.*

Lo que más me sorprendió es que no se trataba sólo de cuentos nuevos, sino de aquellos cuentos que ya sabían. ¿De verdad queréis que os cuente "Garbancito"? Síííí, y "El patito feo" y... Y sí, semanalmente volvieron los personajes que habían poblado nuestra infancia, acompañados de otros nuevos, como la Reina de las Nieves o Simbad el marino. Lo más curioso es que tanto ellos como yo descubríamos cosas nuevas y preguntas en las que no habíamos pensado.

Jugando a pensar con cuentos es un viaje a través de seis relatos de cinco países y un no-país. Nos lleva a ellos la mariquita Juanita que, además de acompañarnos, nos hace preguntas que nos hacen pensar, nos pregunta muchas veces "por qué" y nos lleva a descubrir juegos y juguetes insospechados procedentes de otros países, como el "barangandao", que construimos entusiasmados y hacemos girar en el patio. Este juguete, que llega gracias al Sací Pereré, desde Brasil, nos llevará a pensar en remolinos, cosas que giran, que se mueven. Hablaremos del viento y de cómo su fuerza arrastra hojas e incluso es capaz de romper ramas si sopla muy fuerte.

Y del cuento pasamos al juego y del juego a buscar cómo en algunas pinturas está representado el viento, el movimiento.

De esta manera, cada uno de los cuentos provoca un diálogo que nos lleva a plantearnos cuestiones tan diversas como qué es posible y qué no, qué cosas somos capaces de hacer, donde encontramos obstáculos o qué semejanzas y diferencias hay entre lo que hacemos en invierno o en verano. Así, el diálogo a partir de los relatos desemboca en toda una serie de actividades que están impregnadas de reflexión y significado.

Jugando a las "sorpresas". Educación Infantil, 3 años.

Sací Pereré. Ilustración de una alumna de 4 años.

Jugamos con los cuentos: ordenamos las imágenes, elegimos las más representativas, contamos el cuento al revés... Educación Infantil 3 y 4 años.

En el ámbito de los cuentos es necesario mencionar la experiencia con ***Conta'm. Narració oral i educació reflexiva.*** *(Cuéntame. Narración oral y educación reflexiva.)*, con relatos de Cataluña y Baleares, y seguidamente ***Conte contat... Narrativa y comprensió.*** *(Cuento contado... Narrativa y comprensión.)*, con "rondalles" –relatos tradicionales– comunes a Cataluña, Baleares, l'Alguer y Cataluña Nord. A propuesta de Irene de Puig, participamos en este proyecto conjunto del GrupIREF y la Comisión Europea, pensado para estimular el uso de la lengua catalana en Educación Infantil a partir de cuentos populares. Más concretamente, de "rondalles", relatos donde los seres humanos y los fantásticos conviven en espacios y tiempos atávicos.

Durante dos cursos, narraciones que podríamos calificar de universales transportan a nuestros niños a la tradición oral, donde las emociones y las representaciones mentales nos ayudan a la comprensión del mundo y en las que, además, el diálogo permite formular y compartir en voz alta cuestiones, dudas y pensamientos.

He aquí un pequeño fragmento de conversación con un grupo de cinco años sobre el cuento "En Set homes i en Set Geps", un gigante tan grande como el tamaño de siete hombres y un joven con una joroba como siete veces una joroba normal.

Marina: *Set Homes era malo.*
Tolo: *Sí porque se comía a todo el mundo.*
Cristian: *Por eso se llamaba Set Homes.*
(...)
Óscar: *No entiendo por qué no se lo come directamente, Set Homes a Set Geps.*
Gori: *Porque Set Geps le planta cara.*
Tolo: *O porque le quiere desafiar.*
(...)
Maestra: *¿Qué problema tienen?*
Lorena: *Que uno es más grande y el otro más pequeño.*
Aina: *Que Set Geps va a cortar leña y Set Homes no le deja.*
Javi: *Que Set Homes cuando lo desafían, pierde.*
Dani: *Set Geps hace trampas.*
Albert: *El problema es que Set Geps es más listo y Set Homes más tonto.*
Dani: *Es más listo porque sabe engañarlo.*
Ismael: *Se quieren fastidiar el uno al otro.*
Lluís: *Yo y mi hermano siempre nos fastidiamos.*
Maria: *¿Sabes por qué se fastidian? Porque cada uno quiere el bosque para él solo.*
Tolo: *O el jorobado quería el bosque para todo el mundo.*
Maestra: ¿Hay más "rondalles" donde pasa esto?
Iván: *¿Puedo decir películas? Porque en Pocahontas había el mismo problema, todos querían la isla para ellos.*
Mar: *En la "rondalla" del pajarito el rey quería las cerezas para él solo.*
Araceli: *Tenían el mismo problema.*
Cristian: *En el cuento de las cerezas la madre quiere que su hija sea tan lista como su hijastra.*
Gori: *Eso no es el mismo problema.*

Creo que es una buena muestra de cómo los niños son capaces de dar razones, explicar dudas, establecer relaciones y reconocer contradicciones, como en el caso de Óscar.

Arte y pintura

En *Jugar a pensar* (pág. 44) nos dicen: "Un tratamiento de las habilidades a través del arte nos permite dotar a los niños de recursos personales y colectivos para disfrutar de una obra. Enseñarles a mirar, pero también a escuchar, a dialogar, a interpretar, a inventar, a disfrutar de las obras y a ser conscientes de su propio gusto".

Es el arte para comunicarse con uno mismo y con los demás, para ir descubriendo y descubriéndose. Su poder de estimular nuestras percepciones, nuestras ideas, como fuente de conocimiento y de inspiración, y para expresar todo aquello que hay en nuestro interior, es inmenso. El arte es sensibilidad y también provocación.

La propuesta es trabajar a partir de cuatro obras de cada uno de los siguientes artistas: Joan Miró, Pablo Ruiz Picasso y Vassili Kandinski. La cuidadosa selección de los autores y de las obras que incluye el programa permite un recorrido, una visión histórica desde la figuración a la abstracción. Ello permite reflexionar, entre otros aspectos, sobre la evolución y los cambios y hace emerger el contraste de opiniones y de preferencias. Todas las ideas y actividades que se plantean en la guía conforman un abanico inacabable de posibilidades, que pueden trabajarse de manera abierta, dejando que el grupo vaya trazando sus propios caminos de reflexión y acción, o bien de manera intencionada, es decir, provocando el trabajo de una o varias habilidades de pensamiento determinadas.

Son muy numerosas las conversaciones y propuestas recogidas a lo largo de los años, pero recuerdo especialmente el trabajo realizado a partir de la obra *Dos mujeres corriendo en la playa*, de

Picasso, con un grupo de cinco años guiado por su maestra, Mercè Adrover. Se dedican tres sesiones donde se van desarrollando actividades muy diferentes. La primera vez presenta sólo la figura de las mujeres recortada y girada, de manera que los niños solo ven la silueta. Las hipótesis sobre qué puede ser son diversas, desde *un demonio, porque tiene "antenas"*, un *niño, porque veo un brazo y un pie,* hasta *un pulpo porque veo muchas piernas.*

> Maestra: *Laura, ¿tú qué crees que es?*
> Laura: *Son dos personas.*
> Maestra: *¿Qué te hace pensar eso?*
> Laura: *Que hay dos cabezas.*

La maestra gira la figura y se hacen visibles las protagonistas.

> Maestra: ¿Alguien sabe qué están haciendo aquí?
> Enmanuel: *Están bailando.*
> Maestra: ¿Qué te lo hace pensar?
> Enmanuel: *Están bailando porque hay música y tienen las manos hacia arriba.*
> Maestra: ¿Y alguien sabe qué música podrían bailar?
> Enmanuel: *Bailan música de bailarines, como la nuestra.*
> Ayshat: *No bailan, se pegan porque tienen muchos brazos.*
> Enmanuel: *Están bailando como bailarinas porque hay una para arriba y otra para abajo.*
> Samuel: *Bailan en las estrellas.*
> Maestra: ¿Y por qué piensas que bailan en las estrellas?
> Samuel: *Porque veo puntitos que son estrellas.*
> Abril: *Bailan cogidas de la mano. Tienen los pies grandes.*
> Maestra: ¿Y a vosotros os gusta bailar?
> Enmanuel: *Le gusta bailar, por eso tiene los pies grandes. No tienen zapatos para bailar.*
> Abril: *No llevan zapatos porque son pobres. Un día vimos un cuadro y los niños no llevaban zapatos porque eran pobres.*
> Maestra: ¿Y recuerdas cómo se llamaba el cuadro?
> Abril: *Pobres...*
> Alba: ... *a la orilla del mar.*

Maestra: ¿Sabes cómo se llama lo que acabas de hacer? Se llama relacionar, has relacionado *Pobres a la orilla del mar* con esta imagen.
Enmanuel: *No le gusta bailar con zapatos y están sucios y por eso se los quita.*
Maestra: Asia, ¿aún sigues pensando que es un pulpo?
Asia: *No*
Enmanuel: *No es un pulpo, porque tienen piernas y los pulpos no tienen piernas.*
Maestra: ¿Vosotros podríais bailar como estas mujeres? A ver, lo probaremos...
(salen dos niñas y se colocan como las dos figuras, mirando al cielo)
Maestra: ¿Habéis visto hacia dónde miran? Al cielo, como las dos mujeres.
Samuel: *Miran a las estrellas.*
Maestra: Ahora lo podríamos hacer todos, ¿nos ponemos por parejas e intentamos hacerlo como ellas?
(todos los alumnos se colocan en parejas y tratan de reproducir el movimiento de las protagonistas del cuadro, primero en silencio y luego con música)
Maestra: Para acabar, ¿podríamos pensar en qué hemos hecho hoy?
Neus: *Ha venido Joanina.*
Abril: *Hemos visto un cuadro.*
Anna: *Hemos bailado.*
Neus: *Hemos pensado.*
Tomeu: *Hemos pensado las cosas que podían ser.*
Asia: *Hemos hecho de bailarinas.*
Maestra: Y Abril, ¿qué ha hecho cuando ha pensado en *Pobres a la orilla del mar*?
Enmanuel: *Ha recordado.*
Maestra: Muy bien, y ha relacionado.

Bailamos como las *Dos mujeres corriendo por la playa,* de Picasso. Educación Infantil, 5 años (marzo de 2011)

En las sesiones siguientes trabajan a partir de diferentes preguntas de la maestra: ¿Dónde van? *A bailar a un castillo, a un ballet, se van a pasear bailando...* Sobre el fondo: ¿Dónde deben estar? *En un parque, en un teatro, en su casa, donde hacen ballet, en la hierba...* Cada niño tiene una reproducción en DIN-A3 de las mujeres y tienen que dibujar el paisaje o lugar donde cada cual se las imagina. Finalmente, la maestra enseña la obra completa y todos comparan y hablan de sus producciones. La maestra pregunta qué título le pondrían y comentan lo que ven en la obra de Picasso *Dos mujeres bailando en la playa.* Las sesiones siempre acaban con la propuesta de bailar como ellas y con la elección de qué música, de las tres que propone la maestra, es la más idónea.

Los diálogos son de una riqueza extraordinaria, transitan por diferentes temas, porque una palabra puede evocar diferentes situaciones vividas por cada uno de nosotros. Podemos ver el resumen cuando la maestra pregunta al final de la sesión, qué han hecho, qué han aprendido:

> Patient: *Hemos pintado.*
> Salma: *Hemos bailado.*
> Abril: *Hemos hablado de las niñas.*
> Neus: *Hemos hablado de quién les espera.*
> Tomeu: *Y de adónde iban.*
> Maestra: ¿Qué palabra hemos aprendido?
> Tomeu: *Conservatorio.*
> (la palabra ha surgido cuando hablaban de la música y la danza)
> Neus: *Hemos hablado de lo que hacían estas mujeres.*
> Samuel: *Hemos dicho títulos para este cuadro.*
> Juan: *Hemos hablado de lo que hemos pintado.*
> Maestra: ¡Y hemos pensado las cosas que hacemos en la playa y para hablar de eso hemos recordado!

Por otra parte, la experiencia nos habla de lo importante que es la música y la representación en las actividades que se derivan del diálogo filosófico. Permiten reforzar las habilidades de traducción, de expresión en diferentes lenguajes de las ideas que van emergiendo.

DESCUBRIENDO LOS SENTIDOS: PÉBILI

Al volver del patio, un pequeño grupo de niños de cuatro años vino corriendo a informar a la maestra de que había una cucaracha en el baño. Ella los tranquilizó diciendo que cogería una escoba para matarla. ¡No la mates! ¡¡No la mates!! ¡¡Es Federico!! Los dos niños que así gritaban explicaron que no era "una cucaracha corriente, no hace nada, la vemos cada día y le ponemos comida".

No hace falta decir que fue indultada. ¿Quién mataría a un animal con nombre propio al que visitamos y observamos cada día?

Años después, en una sesión de filosofía con un grupo de tercero hablábamos precisamente de eso, de lo importantes que son y qué suponen los nombres de los animales y el propio nombre. Escribimos la palabra en la pizarra (nombre en catalán es NOM) y Marina dijo: Mirad si giráis las letras pone MUNDO (en catalán MON), y Aina añadió: Claro, porque nuestro nombre es el principio de nuestro mundo.

Entonces comenzamos un proceso conmovedor donde filosofía, artística y lenguaje formaron una hermosa trenza. En este recorrido los sentidos estuvieron bien presentes y una de las actividades dio lugar a relacionar nuestro nombre con ellos. Arantxa escribió:

Si mi nombre fuese un sonido sonaría como el grito de un delfín.
Y si fuese un color sería azul cielo.
Si mi nombre se pudiese oler, olería a rosas.
Mi nombre tiene gusto de chocolate
Y el tacto suave, como de seda
Cuando lo veo escrito me pongo contenta
Y cuando alguien lo pronuncia me siento feliz
Mi nombre es ARANTXA

El curso 2003-2004 llegó ***Pébili,*** y con él la curiosidad y la consciencia sensorial y perceptiva. La preparación para el trabajo de los sentidos viene del programa anterior de Educación Infantil cuando, a través del arte, los cuentos y los juegos iniciamos la reflexión sobre la percepción: ¿qué olores sentiríamos si estuviésemos dentro de esta obra de arte o cuando nos acercamos a la casa de la bruja como Hansel y Gretel? ¿Qué sonidos escucharíamos en la granja donde vivía la gallina Lina?

Pero Pébili nos predispone a tener los sentidos más alerta, más despiertos, para estar preparados cuando lleguen Kio y Gus, que nos haran afrontar la ceguera. Supone todo un recorrido de experimentos: distinguir sonidos aparentemente iguales, texturas diferentes, gustos contrapuestos... El diálogo nos hace precisar y se produce la necesidad de adjetivar, porque no es lo mismo suave que liso, dulce, agrio, ácido, intenso, penetrante...

Todas las actividades propias del trabajo con los diferentes sentidos adquieren una dimensión filosófica. No se trata solo de experimentar -oler y adivinar, por ejemplo- sino de dialogar y compartir lo que ello supone, de reflexionar y comparar lo que a mí me pasa y lo que sienten los demás.

Ahora bien, aun siendo una propuesta para educar la sensibilidad -***Persensar: percibir, oír y pensar***-, hay toda una serie de temas que van emergiendo ligados a esta exploración sensorial.

Así, la portada, donde Pébili se asoma por el agujero de la cerradura, nos lleva a hablar de cómo se ven las cosas a través de un agujero y miramos por el agujero de la cerradura de nuestra clase y... ¡de las clases de al lado! Experiencia que nos lleva a compartir situaciones personales y a plantearnos la cuestión de cómo es posible que por un agujerito tan pequeño se puedan ver tantas cosas.

Pero también nos lleva a hablar sobre si es correcto o no mirar por una cerradura, ¿Es correcto espiar a la gente? ¿En qué circunstancias es lícita esta curiosidad? ¿Es importante ser curiosos?

Ilustración de un alumno de segundo de Primaria.

El hecho de que no haya ilustraciones enteras, pero sí sugerentes, obliga no sólo a hacer hipótesis, sino a imaginar, a recrear a nivel personal aquello que no es explícito. Cada fragmento nos puede conducir a hablar del todo y las partes, de lo esencial y de lo prescindible.

Cada página, además de hacernos conscientes de los sentidos que desarrollamos en cada situación vivida, nos lleva a temas tan intensos e interesantes como la lectura, los sentimientos, la idea de realidad o las metáforas, por citar algunos.

Especialmente rico en este sentido es el capítulo tercero, con el poema "Cada libro guarda un secreto...", que acaba con una pregunta muy especial: ¿Cómo debe ser una cosa que no ocupa lugar ni pesa? Entre los diálogos recogidos conservo la de un grupo de segundo del curso 2012-2014, del cual os ofrezco este fragmento:

Maestra: ¿Qué cosas dijimos que no ocupan lugar ni pesan?
Alba: *Las palabras.*
Joan: *Los dichos.*
Samuel: *Las reuniones, porque se hablan de muchos temas.*
Aixa: *Los sentimientos.*

Continúan leyendo y llegan a la palabra "ignorancia". ¿Qué quiere decir?, pregunta un niño.

Samuel: *Es como una cosa... ¡Ay! ¡Ahora no sé cómo decirlo!*
Marc: *Es como un señor que, cuando una persona dice una cosa, él hace como que no escucha.*
Maestra: Sí, a eso se le llama ignorar a otra persona. Pero yo ahora os pondré otro ejemplo: yo soy muy ignorante en las cosas del espacio. ¿Sabéis que quiero decir?
Abril: *¡Ah, sí! Que no sabes nada del espacio. Yo soy muy ignorante de las joyas porque no sé cómo se hacen.*
David: *Yo soy ignorante en saber si ganaremos la liga.*
Joan: *Yo soy ignorante en saber los nombres de los peces.*

Hacen una ronda sobre las cosas que ignoran y la maestra acaba diciendo:

Todos sabemos muchas cosas, pero somos ignorantes en algunas, y yo os pregunto: ¿Eso es algo bueno o malo?
Tomeu: *Bueno, porque, si no, no haría falta venir a la escuela.*
Esther: *Si lo supiésemos todo, no habría cosas nuevas.*

La conversación continúa y, en un momento dado, la maestra retoma la frase: "Los libros te abrigan de la ignorancia y la tristeza".

Abril: *Sí, porque tú estás preocupada, vas y lees un libro y te olvidas y ya no estás triste. Los libros ayudan a no estar tristes.*

Y así, verso a verso, se van parando en cada una de las palabras del poema que son especiales y van ampliando su significado. Al llegar a la palabra "guía", Ayshat dice:

> *Quiere decir que, cuando lees un libro, puedes encontrar información de dónde puedes encontrar un tesoro.*

La maestra pregunta: ¿En qué palabra pensáis que se ha fijado Ayshat para decir lo que ha dicho?
Juan D.: *En "guía", porque lo ha relacionado con tesoro.*
Tomeu: *"Guía" no sólo puede ser un camino, puede ser una inspiración para hacer muchas cosas.*
Maestra: ¿Quién piensa en un libro que ha leído y le ha inspirado a hacer alguna cosa?
Gio: *"Los tres osos" me inspiró para dibujarlos.*
Brenda: *"El mundo secreto de las hadas" me inspiró para hacer un anillo y una pulsera.*
Maestra: ¿Y las películas también inspiran?
Muchos: *¡Sííí!*
Enmanuel: *A mí una canción me inspiró para hacer cosas muy divertidas.*
Esther: *A mí la canción de "Puff era un drac màgic", a volar.*
Maestra: ¿Y qué hiciste para volar?
Esther: *¡¡Me dibujé en la pizarra volando!!*

Y así todos van diciendo qué películas, libros, cuentos y canciones nos han inspirado para hacer diferentes cosas.

Una sesión de *Pébili* con familias (curso 2007-2008). A pesar de ser un programa para niños de seis o siete años, puede ser utilizado a todas las edades, como el resto de las novelas.

Cuando hacemos un resumen de la sesión, nos damos cuenta de que hemos hablado de la inspiración, de la ignorancia, de qué pasaría si no hubiese maestros o si lo supiésemos todo. Estas cuestiones también surgirán cuando, años después, conozcamos a Pimi. Esto demuestra que todos los programas tienen unos ejes comunes y en todos emergen cuestiones universales.

Pébili, en definitiva, potencia el papel que juegan los sentidos en el progreso intelectual y, al mismo tiempo, nos lleva a transitar todos los caminos de la investigación filosófica.

UNA NUEVA FORMA DE CONVERSAR: EL DIÁLOGO FILOSÓFICO

➪ Como maestra de apoyo, asistía a la clase de cinco años el primer día de curso. La tutora -que era mi hermana- había colocado las sillas en círculo y, como era su costumbre, presentaba a los alumnos nuevos, preguntaba qué les gustaría hacer aquel curso, cómo querrían colocar las mesas, sobre qué les gustaría investigar, qué cosas querían contar y comentar... Hasta que, en un momento dado, alguien levantó la mano y dijo: Hemos hablado mucho, pero en esta escuela, ¿cuándo se estudia?

Durante muchos años, el diálogo en la escuela, tal y como lo entendemos ahora, era inexistente. Hablar era sinónimo de perder el tiempo. A pesar de los años, aún ahora, a veces se hace difícil admitir que el diálogo para gestionar la vida y el aprendizaje es imprescindible tanto en la escuela como fuera de ella.

Es importante tomar conciencia de cuántas cosas aprendemos mientras conversamos en diferentes contextos y con diferentes objetivos. Cuando descubrí a Vigotsky, en *Pensamiento y lenguaje*, (pàg. 196 y 197), dos frases me impactaron: "Una palabra sin pensamiento es una cosa muerta, y un pensamiento desprovisto de palabra permanece en la sombra". Y la segunda: "Una palabra es un microcosmos de consciencia humana".

Por eso es tan necesario aprender a dialogar, a intervenir y a ser capaz de expresar con asertividad aquello que pensamos, aquello que sentimos.

Con la llegada de la filosofía, tuvimos que distinguir entre una simple conversación y un diálogo filosófico. En la primera, si es una de tantas de carácter informal, se intercambian opiniones o se toman las decisiones necesarias para resolver el día a día: cuándo y cómo quedamos hoy por la tarde, etc. También están las conversaciones que implican organización e investigación en el ámbito escolar, las que llevamos a cabo cuando hacemos proyectos de trabajo, planificamos una fiesta, revisamos determinados documentos...

El diálogo filosófico va mucho más allá, nos hace cambiar, individualmente y como grupo. Entramos en él cuando nos planteamos la construcción de conceptos mucho más amplios, más ricos; cuando nos adentramos en el significado de una idea, de una cuestión aparentemente sencilla; cuando avanzamos hacia la comprensión de un determinado problema o situación.

El diálogo filosófico abre nuevas vías, se plantean nuevas alternativas y se amplía la visión de los conceptos que utilizamos a menudo de manera instintiva, sin pararnos a pensar en su significado profundo.

Habitualmente, el diálogo se inicia a raíz de las propuestas de la "pizarra" o de una pregunta en concreto. Es importante entonces el papel del adulto para dilucidar qué ideas o conceptos están presentes en ellas y, a partir de preguntas, guiar la búsqueda.

Naturalmente, requiere de unas condiciones y unas normas que cada grupo clase, desde los más pequeños, establece según las propias necesidades.

También precisa de unas determinadas características, unos rasgos significativos que, según Ann M. Sharp, son los siguientes:

- Pedir suposiciones, conjeturas.
- Descubrir implícitos.
- Descubrir significados (clarificar)
- Contemplar significados o posiciones alternativas.
- Pedir razones.
- Entender el "por qué" como razón y no sólo como causa.
- Contemplar la consistencia entre el pensamiento y la acción, la relación entre medios y fines, y las relaciones entre las partes y el todo.
- Búsqueda de la fundamentación de las opiniones.
- Análisis de conceptos.
- La conversación va construyendo conocimiento.
- Ejemplos y contraejemplos.
- Los participantes crecen en conocimientos (aunque sea dándose cuenta de la propia ignorancia).
- Formulación de hipótesis.
- Centrarse en las ideas y no en las personas.

El diálogo filosófico nos permite construir a partir de lo que dice el otro, requiere una mente abierta y prestar atención al lenguaje no verbal.

Genera reflexión, obliga a concentrarse, a considerar otras alternativas, a escuchar atentamente, a poner mucha atención en definiciones y significados, a admitir opciones en las cuales no habíamos pensado. Provoca, en suma, numerosas actividades mentales en las que no nos habíamos fijado antes.

Diálogo en la clase de tercero de Primaria en el que participan exalumnos. (enero del 2010)

Un buen diálogo requiere entender, hacer síntesis, hacer abstracción, distinguir palabras clave. A través de él, dotamos de significado las diferentes situaciones. El diálogo y el pensamiento compartido producen un aumento de la autoestima. Aprender a adoptar el punto de vista de los otros aumenta la comprensión y la empatía. Pensar por cuenta propia requiere y potencia la convivencia democrática. Para los maestros, suele suponer sorpresa en las concepciones que afloran.

Pienso que el ser humano tiene necesidad de aventura. Y un buen diálogo puede tener esta condición y se puede presentar como tal. Puede generar sorpresa tanto para el adulto que guía como para los alumnos que participan y, simultáneamente, incita a la búsqueda de significación. Durante una conversación, en una sesión de formación, Irene de Puig nos dice:

> "No es un diálogo para persuadir a nadie ni tampoco un diálogo sin propósito. Es un diálogo donde los diferentes estilos de pensamiento aportan a un proyecto común: comprender con claridad y consistencia. Un diálogo a partir del cual, después, cada uno pueda construir su filosofía de la vida."

Recuerdo con particular emoción el diálogo que se produjo en una clase de tercero con motivo del tercer episodio del primer capítulo de *Kio y Gus*, que traduzco directamente de la versión en catalán porque su contenido difiere de la castellana. Es tan breve, tan intenso...

> *Suki tiene dieciséis años. Yo siete. Mi padre se llama Lee y mi madre Esperanza. Sólo que yo no tengo madre.*

Con aquel grupo en concreto, la conversación nos desveló toda una serie de hechos insospechados, de vivencias inusuales (por duras y provocadoras), de cambios drásticos en la vida de algunos alumnos. Aun siendo tan pequeños, el diálogo nos condujo a dirimir conceptos como la ausencia, formas y manifestaciones del dolor; a distinguir entre depresión y tristeza; a compartir cómo nos enfrentamos a los problemas.

Aún me produce una sonrisa cuando recuerdo la intervención final de un alumno: *Si no hubiésemos tenido la clase de filosofía no hubiésemos descubierto tantas cosas como nos han pasado a todos.*

Considero que una de las condiciones para el diálogo es la mirada. Permitidme un breve apunte sobre ella en este apartado.

Tengo la firme convicción de que los seres humanos queremos prioritariamente dos cosas: que nos escuchen y que nos miren. He aquí una experiencia que constituyó un punto de inflexión en mi vida profesional.

En una tutoría individual con un alumno de trato difícil le pregunté: ¿Qué cambiarías de mí? ¿Qué es lo que no te gusta que haga o qué te gustaría que hiciese de otra manera? Inicialmente, un tanto sorprendido, me dijo: *Nada.* Yo insistí y dijo: *Que me mires.* ¡Pero si te tengo en primera fila! ¡Si te veo a todas horas!, le contesté. *¡Pero quiero que me mires más!* ¿Más? Sois veinticuatro en la clase, ¿quieres que te mire todo el rato? *¡¡¡Sí!!!,* respondió con contundencia.

Le expliqué que no podía hacerlo porque los demás también existían, pero llegamos a un acuerdo: Mira –le dije– cada día, en algún momento, nos miraremos tú y yo a los ojos, de manera especial, y tu sabrás que estoy pendiente de ti, que me importa mucho lo que haces y lo que vives y que siempre podrás contar conmigo, ¿te parece bien?

Así lo hicimos y los dos cambiamos. Él me hizo ver cuán importante es la mirada recíproca. Necesitamos testimonios de nuestra vida y sabernos acompañados, queridos. Los maestros miramos, observamos mucho a nuestros alumnos, pero a menudo no es suficiente, es necesario saberse mirados –y admirados–, pero eso es otro tema.

Desde entonces, me propuse que cada día me fijaría especialmente en cuatro, cinco alumnos y que, de alguna manera, se lo haría saber. A veces bastaba una simple frase: Hoy he visto que... has estado más concentrado, has intervenido muy bien en la sesión de mates, etc.

Es también una forma de devolverles la imagen que tú tienes de ellos y ayudarlos a conocerse, porque me aventuro a decir que ellos no se conocen. Son pequeños y la idea que tienen de ellos mismos es incompleta. A menudo, son capaces de hacer muchas más cosas y no reconocen muchas de las que hacen. Nosotros somos uno de los espejos que les ayudan a construir poco a poco la propia identidad.

Hay muchas maneras de mirar; pero mirar a los ojos de forma profunda, transmitiendo confianza e interés por el otro, es el diálogo invisible que nos acerca y nos hace crecer mutuamente.

No es en vano la colocación en círculo en las sesiones de filosofía. La posición que nos permite mirarnos y ser mirados. "¿Todo el mundo ve los ojos de todo el mundo?" suele ser la pregunta que inicia el diálogo.

Aprendemos a escribir, escribiendo; a pintar, pintando; a entender el valor matemático de las conductas, haciendo matemáticas; a conocer la filosofía, haciendo filosofía. Es decir, aprendemos organizando la propia experiencia, que se convierte en punto de partida. Y aprendemos a dialogar, dialogando.

En una entrevista realizada por Bel Pomar, profesora de la UIB, con motivo de una investigación sobre *Que queda de lo que se ha vivido en la escuela,* una exalumna, al hablar de filosofía dice: "El diálogo filosófico nos prepara para el diálogo y para la vida."

SOBRE LAS HABILIDADES DE PENSAMIENTO

➪ En una ocasión, un pequeño grupo de maestras decidimos hacer una encuesta a los grupos de Educación Infantil para averiguar qué conciencia tienen niños tan pequeños sobre el hecho de pensar. Consistía en las siguientes preguntas: ¿Tu piensas? ¿Qué haces para pensar? ¿Cuándo piensas? ¿Dónde? ¿En qué piensas?

La respuesta a la primera pregunta fue unánime: todo el mundo respondió que sí. La segunda – ¿Qué haces para pensar? – ofrecía posibilidades diversas: una mayoría cerraba los ojos muy apretados en un gesto de esfuerzo; otros se ponían un dedo en la mejilla o en la frente, más concretamente en la sien; unos pocos abrían mucho los ojos y los levantaban mirando hacia arriba. Otros respondían: *Con la cabeza.*

Las contestaciones a la tercera y cuarta preguntas se entremezclaban: *Pienso en la playa, cuando estoy al sol, encima de la toalla. En mi casa, después de comer. En el coche. Cuando estoy con María. En el súper, cuando me preguntan qué chuche quiero. En el patio.* También hubo respuestas taxativas: *Yo pienso los martes y los viernes.*

Sobre la última pregunta, los motivos de los pensamientos eran muy variados: *En mi prima. En Fátima. Si hoy habrá macarrones. Que quiero un perro de verdad...*

Con una cierta frustración nos dimos cuenta de que cuando les preguntábamos explícitamente: ¿Y en la escuela, no piensas? Nos miraban un tanto sorprendidos y contestaban: *No.* ¿Y cuando tenemos que escribir, o para leer, o cuando hacemos proyectos? Entonces, como para contentarnos, concedían: *Sí, un poco.*

Las conclusiones fueron obvias, la escuela no es un lugar idóneo para pensar y las tareas escolares se realizan con otro tipo de pensamiento que no es el mismo que sirve para evocar personas o situaciones más placenteras.

En un principio, somos las maestras las que tomamos conciencia de este eje vertebral que constituyen las habilidades de pensamiento que, con la ayuda inestimable de las diferentes guías de los programas, aprendemos a identificar y a planificar actividades para trabajarlas y mejorarlas.

Pero pronto, con tal de hacerlas explícitas y que los alumnos se familiaricen con ellas, lanzamos las preguntas: ¿Qué hemos hecho hasta ahora? ¿Qué ha hecho él o ella para poder explicar lo que ha dicho? ¿Qué hemos aprendido hoy? O bien, cuando los alumnos son más mayores, las sesiones se cierran directamente con la pregunta: ¿Qué habilidades mentales hemos puesto en marcha hoy?

En el cuaderno de sexto, en la sesión del 23 de febrero de 2011, podemos encontrar un ejemplo: "Reconocer. Buscar y encontrar. Argumentar. Hacer deducciones. Recordar. Encontrar pistas."

Otra situación: como he mencionado en el capítulo relativo al arte, en ocasiones aprendemos a hacer una reseña a partir de la escultura que figura en las portadas de los manuales. Pero lo importante es la reflexión final cuando preguntamos: ¿qué hemos aprendido haciéndolo? Y nos hacemos conscientes de que *hemos aprendido a comparar, a hacer una reseña, pero también a estimar una medida. Hemos calculado, hemos puesto un título y "hemos tocado" la plástica, el arte y las matemáticas.*

Así, día a día dejamos constancia y nos vamos apropiando de todo este vocabulario que explica la consciencia sobre lo que hacemos y cómo avanzamos en la manera de pensar mientras dialogamos.

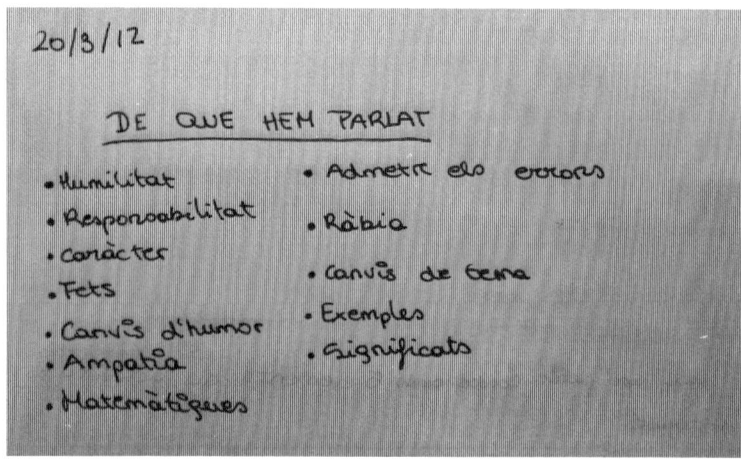

Resumen de una sesión de un grupo de cuarto de Primaria.

DE QUÉ HEMOS HABLADO

- Humildad
- Responsabilidad
- Carácter
- Hechos
- Cambios de humor
- Empatía
- Matemáticas
- Admitir los errores
- Rabia
- Cambios de tema
- Ejemplos
- Significados

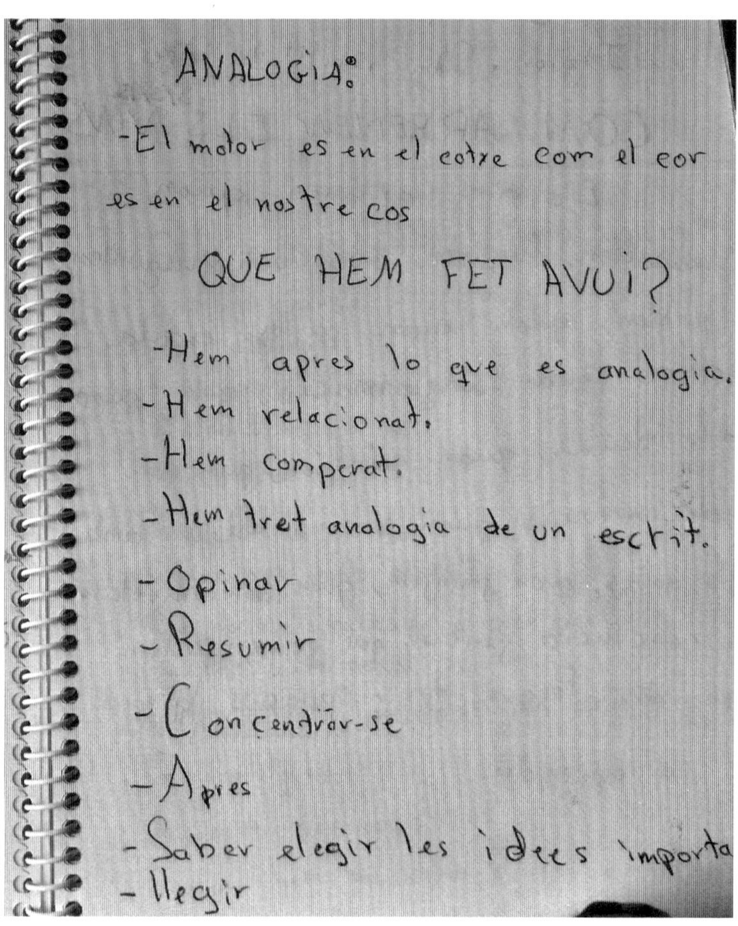
ANALOGIA:

-El motor es en el cotxe com el cor es en el nostre cos

QUE HEM FET AVUI?

-Hem apres lo que es analogia.
-Hem relacionat.
-Hem comperat.
-Hem tret analogia de un escrit.
-Opinar
-Resumir
-Concentrar-se
-Apres
-Saber elegir les idees importa
-llegir

Grupo de quinto de Primaria (curso 2012-2013)

ANALOGÍA:

– El motor es al coche lo que el corazón es a nuestro cuerpo

¿QUÉ HEMOS HECHO HOY?

Hemos aprendido lo que es analogía.
Hemos relacionado.
Hemos comparado.
Hemos extraído analogía de un escrito.
Opinar
Resumir
Concentrarse
Aprender
Saber elegir las ideas importanates
Leer

Con los más pequeños, es la maestra quien pone palabras a lo que sucede. Hablando de las estrellas con niños de cuatro años, uno de ellos afirma que su abuelo es un experto en ellas. Cuando se le pregunta a qué se dedica, él contesta que es pescador. Algunos le miran escépticos, pero él añade que sabe mucho de estrellas porque cuando sale de noche tiene que conocer dónde están para no perderse. Sin dejar pasar la ocasión, la maestra pregunta al grupo: ¿Qué ha pensado Rafel para poder llegar a explicarnos todo esto? Algunos dicen que pensar en su abuelo, recordar... y ella añade la palabra "relacionar", *ha pensado y recordado, y también ha relacionado las estrellas con el trabajo que hace su abuelo.*

Son ejemplos donde la maestra se da cuenta de una de las habilidades de pensamiento utilizadas por algún niño y, parando el diálogo, la hace explícita y le pone nombre. A partir de entonces, queda incorporada aquella habilidad: *Decir y contar no es lo mismo porque puedes decir buenos días y no cuentas nada, contar es decir cosas ordenadas, con un principio y un final.* Entonces la maestra pregunta: ¿Qué ha hecho Noelia? Y, después de explicarlo un poco, dice que a eso se le llama *formular conceptos o también definir.*

Hablar con los niños del hecho de pensar en sí y de lo que comporta es realmente interesante. Fácilmente llegan a la conclusión de que hay -como dicen ellos- tipos diferentes de pensamiento: el que ponemos en marcha cuando escribimos no es el mismo que cuando leemos, hablamos o cuando jugamos, bailamos, cuando hacemos poesía, resolvemos problemas o planificamos cosas que tenemos que hacer.

Cada situación requiere de habilidades diferentes y entramos en el terreno que nos lleva a hablar sobre si el pensamiento de una persona dedicada a la química es diferente del de una que se dedica a la escritura o a la danza, aunque alguien afirma conocer a una persona que da clases de física que también escribe poesía.

Como sabemos, la propuesta del Proyecto de Filosofía es trabajar las habilidades de pensamiento propuestas por M. Lipman y divididas en cuatro apartados:

Habilidades de investigación, que son las que nos informan sobre el mundo. Son relevantes en las ciencias experimentales; nos ayudan a encontrar vestigios y descubrir. Son las que utilizamos en la recogida de la información.

Las de *conceptualización y análisis,* que nos sirven para interiorizar los conocimientos que vamos adquiriendo y ponerles nombre. Son relevantes en todas las ramas del conocimiento y nos permiten la abstracción, la relación entre el lenguaje y el pensamiento. Son las que usamos para organizar la información.

Las que hacen referencia al *razonamiento,* que nos permiten ordenar y ampliar el conocimiento. Son propias de las ciencias formales, las que permiten conectar y relacionar, las que ponemos en marcha para elaborar la información.

Y finalmente, las de *comunicación y traducción*, que utilizamos para explicitar, para comunicar, para formular los resultados de los conocimientos adquiridos. Son relevantes en las áreas de lenguaje y nos permiten la interpretación y la traducción a diferentes lenguajes, siempre preservando el significado.

De cada uno de estos grandes bloques, en Educación Infantil, se trabajan las habilidades más elementales, las que son más adecuadas para estas edades y preparan para una mayor complejidad que los niños encontrarán conforme pasen los cursos.

Como maestros, identificar y trabajar las habilidades de pensamiento es una tarea no solo interesante sino imprescindible. Pero ello no es nada fácil y requiere del trabajo conjunto con otros maestros. De ahí que, en el análisis de las conversaciones recogidas, sea importante dedicar un espacio a las habilidades de pensamiento. Si recogemos intervenciones de alumnos podemos hacer el ejercicio de ver qué habilidades están implícitas en determinadas frases. He aquí algunos ejemplos:

- *Si salimos todos de golpe, será un desastre.* (anticipar consecuencias: habilidad de investigación)
- *Si viene de Ghana, no sabrá catalán.* (inferir: habilidad de razonamiento)
- *¿Ves? Esto Gussi no podría entenderlo.* (ponerse en el lugar del otro, en este caso, habilidad social)
- *Para explicar la historia a los pequeños podemos hacer un cómic en grande... o una obra de teatro. También podemos hacer un "power" como los de quinto.* (considerar diferentes perspectivas: habilidad de traducción)
- *Una conclusión es algo que deducimos de las cosas que vemos o de las que leemos.* (formular conceptos, definir: habilidades de conceptualización)
- *Yo siempre sé cuándo llega Juan A. porque siempre viene chillando... es como cuando estoy en mi habitación y oigo la música de los Simpson u otro programa*

y sé que está a punto de comenzar. (inferir analógicamente: habilidad de traducción).
- *Cuidar de un huerto será complicado: tendremos que hacer turnos, buscar las herramientas y las plantas. Además, alguien nos tendrá que ayudar porque solos no sabremos cuidarlas...* (establecer relaciones entre fines y medios: habilidad de razonamiento).
- *El gigante era malo porque se comía a todo el mundo -Sí, y daba miedo. -Tiraba rocas para aplastar al pueblo.* (establecer criterios: qué es ser malo: habilidad de razonamiento)
- *Por eso no tenía amigos.* (relacionar causas y consecuencias: habilidad de investigación)

Las habilidades no se dan nunca de forma aislada ni se pueden tratar de manera independiente. Se pueden adquirir, no son innatas y admiten grados de perfección: siempre podemos mejorarlas. Ser conscientes de cuales entran en juego y ponerles nombre ayuda a interiorizarlas.

ALGO MÁS QUE UN GRUPO: UNA COMUNIDAD DE INVESTIGACIÓN

⇨ Mi escuela va cambiando. Hoy, en la clase de quinto, he preguntado a las veintiuna criaturas que asisten en qué lengua hablan en casa. He aquí el resultado: inglés, catalán, bambara, castellano, árabe, dariya (dialecto del árabe), guaraní, punjabí y búlgaro.

¿Una torre de Babel? No, porque nosotros nos entendemos, compartimos objetivos, risas y una lengua común, el catalán. Les propongo una idea que me cedió un profesor de la Universidad de Barcelona con quien compartí unas jornadas de formación en Menorca: escribir la historia de mi vida lingüística. Qué lenguas hemos transitado desde que nacimos, con cuáles hemos tenido contacto hasta llegar a encontrarnos todos juntos en esta escuela.

La experiencia nos pone la piel de gallina al escuchar las voces de los otros, los viajes, las vivencias y los escenarios donde los diferentes idiomas, en ocasiones incomprensibles, han sido a veces obstáculos, a veces retos, a veces puntos de acogida.

Me doy cuenta de mi vida privilegiada y de cómo mi evolución personal y profesional avanza a medida que avanza en calidad y contenido la relación con mis alumnos. Ellos y ellas son uno de mis puntos de referencia.

Primavera del 2010

En un determinado momento, consideramos importante profundizar en esta idea: somos un colectivo, un grupo-clase, pero ¿qué quiere decir exactamente crear el sentimiento de pertenecer a una comunidad de investigación? En los espacios dedicados a los proyectos de trabajo queda claro que somos un grupo que investiga sobre diferentes cuestiones que nos proponemos, a menudo de carácter científico. Pero ¿qué investigamos en filosofía? ¿Cómo lo hacemos y por qué?

La vida en el aula requiere la creación de un clima afectivo, de confianza, donde poder hablar y ser escuchados con respeto. Eso es mucho más evidente en las sesiones de filosofía, donde se dirime qué quiere decir en profundidad cada uno de estos conceptos, qué implican, cuáles son las responsabilidades personales y las actitudes que lo harán factible.

Lo primero que necesitamos son unas normas básicas: levantar la mano para intervenir, estar atentos cuando uno habla, pensar en aquello que dice... Es decir, todas aquellas condiciones que posibilitan el diálogo.

Pero un listado de acuerdos no es suficiente si no se cultiva día a día la sensación de que estamos juntos porque el destino nos ha juntado. Nosotros no hemos elegido ni escuela ni compañeros ni maestros, de la misma manera en que no elegimos la familia. De hecho, podemos elegir muy pocas cosas en la vida y, las que elegimos, no siempre las acertamos.

Este es un tema interesante que nos ayuda a colocarnos en el grupo, porque nos obligará a reflexionar sobre el hecho de que siempre tendremos que convivir con personas que no habremos elegido. Por tanto, un objetivo, ahora en la escuela y en la vida en general, es aprender a respetarlas, conocerlas para comprenderlas mejor y, de paso, conocernos mejor a nosotros mismos.

En todos los programas del proyecto de filosofía hay un tema necesario, recurrente, que nos ayuda a saber más de nosotros, de los que nos acompañan, y a crear esta comunidad de investigación: ¿De qué me siento orgulloso? ¿De qué nos podemos sentir orgullosos como clase? Cuando hablamos de aquello que sabemos hacer mejor, de lo que saben hacer los demás, estamos tejiendo la historia en común, estamos trazando el mapa de las posibilidades conjuntas, nuestro recorrido como grupo.

Por eso es tan importante conocer las historias personales de cada niño, de cada niña, y compartirlas. Cómo llegué aquí, cómo fue el viaje de mis padres, recorridos tan diferentes según los casos. ¿Y yo, voy de viaje alguna vez? ¿Dónde? ¿Cómo? ¿Por qué?

Todos estos temas suelen salir de manera natural, pero es importante, con nuestras intervenciones, darles la dimensión de viaje colectivo, de aventura conjunta y, sobre todo, de posibilidad de valorar las vivencias propias y las ajenas.

Pero si todo ello contribuye a crear el sentimiento de comunidad, en filosofía necesitamos ir más allá, porque somos una comunidad... ***de investigación.*** Dice Lipman, en *Filosofía en la escuela* (pág. 74):

> "Cuando animamos a los niños a pensar filosóficamente, la clase se convierte en una comunidad de investigación. Una comunidad así se compromete a unos procedimientos de investigación, a técnicas fiables de investigación que presuponen una apertura a la evidencia y a la razón. Estos procedimientos, cuando se interiorizan, creemos que se convierten en los hábitos de reflexión del individuo".

Eso ya no es tan fácil, supone la reflexión, como grupo, de aquello que queremos conseguir. Supone ser consciente de que, en filosofía, investigamos y, para ello, usamos determinados instrumentos mentales que ponemos en marcha: aprendemos a distinguir qué es un buen argumento, una buena razón, y necesitamos saber que no es lo mismo una opinión que una creencia o un hecho.

Pero eso, que parece tan sencillo, no lo es, y tenemos que ayudarles a distinguirlo. Se hace necesario hacer ejercicios –en las guías los hay magníficos– y, una vez dominados, explicitarlos y ejemplificarlos en las sesiones de filosofía. Como anécdota, recuerdo cuando una alumna nos trajo el prospecto que acompañaba a un cepillo de dientes que había comprado. Distinguir en el texto lo que eran hechos –materiales, formas, prestaciones– y lo que eran opiniones o información irrelevante fue un buen ejercicio que nos ayudó a corroborar que aquello que tratamos en filosofía no está nada alejado de nuestra vida cotidiana.

Mural sobre la idea de igualdad. Sexto de Primaria (junio del 2019)

Entramos en una comunidad de investigación cuando somos conscientes de que nos disponemos a explorar posibilidades, a descubrir alternativas, a clarificar un tema entre todos, a descubrir nuevos temas importantes. Se trata, sobre todo, de que todo el mundo se sienta partícipe de la investigación y de que cada uno lo haga a partir de la propia experiencia.

Para conseguirlo, necesitamos fundamentar las argumentaciones con buenos criterios, aclarar y pedir aclaraciones, admitir puntos de vista diferentes y opciones en las cuales no habíamos pensado. Tratamos de construir nuestros razonamientos teniendo en cuenta los de los demás. Tenemos que revisar los propios puntos de vista y aceptar de buen grado las indicaciones de los otros compañeros.

También implica una serie de cuestiones importantes, pero nada fáciles de conseguir. Entre ellas, tener suficiente confianza en uno mismo para desarrollar las propias ideas sin temor al rechazo o a la incomprensión de los otros, pero también aceptar el derecho de los demás a expresar las propias opiniones y aprender a analizar las ideas y no las personas. Una estrategia que a veces nos sirve es tratar de imaginar por qué alguien ha dicho lo que ha dicho.

Por eso, como dice Ann Sharp, son fundamentales todas aquellas preguntas e intervenciones que sirven para que los niños y las niñas se escuchen los unos a los otros: ¿Estás de acuerdo con lo que ha dicho ...? ¿Qué piensas de lo que ha dicho –de lo que propone– ...? ¿Quién quieres que te ayude? ¿Quién lo explicaría de otra manera? ¿Por qué crees que ... ha dicho eso? ... dice que no lo acaba de entender, ¿puedes explicarlo un poco más?

Del mismo modo es necesario valorar y promover este tipo de intervenciones entre los alumnos:

> *- Me gusta lo que dice Nuria, que dice que una historia puede ser increíble, no importa que sea imaginaria, porque pueden pasar muchas cosas que son increíbles. ¡Y pasan!*
> *- Yo antes pensaba como Albert, pero ahora Neus me ha hecho cambiar de opinión.*

Pensamos que no es necesario llegar a conclusiones al final del diálogo, pero sí a menudo, al final de la sesión, nos vemos obligados a retomar la conversación inicial con las nuevas aportaciones surgidas. Una buena investigación nos conduce a conceptos cada vez más ricos, más llenos de significados, y es importante hacerlo evidente y destacar que lo hemos conseguido con la colaboración de todos.

En cualquier caso, no es fácil llegar a conformar una comunidad de investigación donde todo el mundo, con mayor o menor implicación, se sienta acogido y partícipe. Pero, sin duda, se encuentran intervenciones que muestran que avanzamos por ese camino:

> *- Ya sé por qué hacemos Pimi, Yo creo que hacemos Pimi, sobre todo, para conocernos mejor porque si te fijas siempre acabamos hablando de nosotros mismos, de lo que nos gusta, de lo que pensamos o de lo que nos pasa.* (José M.)

> *- Me gusta filosofía porque es una clase donde aprendemos a hacer cosas en grupo y aprendemos a desarrollar la mente en trabajo en equipo.* (José B.)

> *- A mí me gusta la capacidad que tienen algunos para alargar la conversación, para que sea más interesante y poder participar más.* (Kantoumé)

Para acabar, tan sólo quiero recordar que la comunidad de investigación requiere de un pensamiento crítico, creativo y cuidadoso.

Tener un **pensamiento crítico** supone reconocer las circunstancias del contexto, las situaciones que vivimos o que viven los demás. También quiere decir un pensamiento fundamentado en criterios: ser capaz de identificar y de dar buenas razones para las opiniones que mantenemos y que defendemos.

Asimismo, implica autocorrección. Implica darse cuenta de los errores y verlos no como algo negativo, sino como punto de partida para cambiar y asumir consecuencias.

Creo que el diálogo sobre "qué quiere decir ser buena persona" nos proporciona pequeños ejemplos:

Elvira: *Hay buenas personas que hacen cosas mal alguna vez. No hay nadie que lo haya hecho todo bien en su vida.*
Andrea: *Yo creo que nos tendríamos que controlar más. De esta conversación he sacado que ser buena persona es ayudar a la gente que lo necesita, no hacer cosas para llamar la atención y no hacer daño a los demás.*

Sobre el **pensamiento creativo**, pienso que todo maestro de filosofía tiene suficientes ejemplos, porque viene implícito en la dinámica de las sesiones. En las novelas o en los puntos de partida que promueven el diálogo, hay propuestas que provocan la imaginación y la resolución de situaciones que estimulan la creatividad. En las conversaciones, siempre hay un punto de provocación que nos obliga a plantear posibilidades diversas.

Como ejemplo, el resumen recogido en una de las libretas de quinto en marzo del 2009:

- Hemos intentado resolver un problema de maneras diferentes y con opiniones diferentes.
- La mayoría de gente ha demostrado que tenía mucha imaginación.
- Hemos escuchado algunas posibles historias de Pimi y cada persona lo ha hecho desde su punto de vista.

Creativo es también cuando buscamos títulos: para los episodios que leemos, para una obra de arte, para el diálogo que hemos hecho hoy, para nuestro dibujo... Poner títulos es trabajar el inicio de la conceptualización. En definitiva, hay muchas situaciones que acaban con una actividad imaginativa, creativa. Una de mis preferidas es la que sirve de cierre para el ejercicio propuesto en la guía de Pimi para llegar a dirimir y definir los conceptos "real-no real".

Después de un diálogo encendido y muy rico, ponemos ejemplos muy diversos de *cosas reales*. A modo de conclusión, planteamos de cuántas maneras podríamos representar la realidad:

- Dibujando.
- Con un espejo (y hablamos de la realidad invertida o de si a aquello que hay reflejado en el espejo le podemos llamar "real").
- Diciendo su nombre.
- Con una foto.
- Hablando de lo que queremos representar, describiéndolo.
- Con el tacto.
- Oyendo su sonido.
- Oliendo su olor.
- Viendo su imagen en película.
- Viendo la palabra que representa su nombre.
- Haciéndolo con plastilina, barro, pasta de harina, hierro...

Pero si un concepto ha ocupado mi tiempo es el de **pensamiento cuidadoso**. En el capítulo cuarto de la primera parte del libro *El lugar del pensamiento en la educación*, –recopilación de textos de Matthew Lipman traducidos por Manuela Gómez– se encuentra, en mi opinión, el texto más ilustrativo sobre este tema.

Me gusta particularmente la frase que encabeza uno de los apartados donde Lipman dice que el pensamiento cuidadoso se ocupa de cuestiones de importancia. Habla de las formas de este tipo de pensamiento y dice que es apreciativo, normativo, afectivo, activo y empático.

O sea, pensamiento cuidadoso quiere decir tener cuidado, estar alerta y tener en cuenta la situación y las personas. Incluye la reflexión entre lo que es y lo que debería ser, entre lo que ocurre y lo que debería ocurrir, entre lo que hacemos y lo que deberíamos hacer.

Un pensamiento cuidadoso es también afectivo porque, como dice Lipman, las emociones pueden considerarse formas de pensamiento.

También supone acción: que no nos quedemos indiferentes ante lo que pasa a nuestro alrededor, en el mundo.

Y también quiere decir ser capaz de ponerse en el lugar de otro, eso que es tan fácil de decir y tan difícil de hacer.

He elegido algunos ejemplos que muestran que nuestros niños son capaces de desarrollar este tipo de pensamiento:

> *Hemos hablado mucho de los ciegos, pero no hacemos nada para ayudarles.* (Javi, tercero)

A raíz de esta intervención se hacen propuestas para estar más atentos, pararnos a saludar y hablar con las personas invidentes que conocemos en la barriada.

> Nai se pone en el lugar del compañero cuando nos dice: *Creo que David ha elegido hablar de la casa encantada porque le gusta el misterio.*
> Valentina: *Yo tengo un ejemplo de cuándo no nos ponemos en la piel de alguien: cuando te dicen que te vayas a tu país.*
> Miquel a la maestra: *Me he dado cuenta de que tú dices cosas y nuestras caras van cambiando.*
> Maestra: ¿Y eso por qué debe ser?
> Seedina: *Eso son sentimientos.*
> Juan: *Si observamos a un compañero lo podemos ver.*

En resumen, la tarea de ayudar a hacer de un grupo de personas una comunidad de investigación no es fácil de conseguir, pero quizá es uno de los retos más potentes del Proyecto de Filosofía.

APRENDEMOS A MIRAR: LOS ALUMNOS OBSERVADORES

"El patio de mi casa es particular,
cuando llueve se moja como los demás."

El mío era aún más particular, porque no solo se mojaba cuando llovía, sino que era un espacio donde sucedían cosas altamente interesantes. Para empezar, era donde estaba la carbonera, aquel sitio oscuro situado bajo la escalera por donde se bajaba al patio. Y la leñera, más pequeña, que estaba justo al lado.

En la carbonera y en la leñera, que yo sepa, vivían los ratones. Como mínimo, cuatro contabilizados, uno de ellos diminuto, que se quedaba clavado en seco cuando se daba cuenta de que lo miraba. Quizá no siempre era el mismo, pero a mí me lo parecía. Cuando años más tarde leí los viajes de Gulliver, supe inmediatamente cómo se sentía.

Rigurosamente, cada tres semanas y a partir del mes de octubre, venían los carboneros, hombres de cara y manos absolutamente negras a fuerza de trajinar su producto, con grandes y rudas capuchas hechas de sacos protegiéndoles la cabeza y los hombros, sobre los que cargaban enormes capazos llenos de carbón o leña que vaciaban en la carbonera o en la leñera, después de pasar por el recibidor, el comedor y la cocina.

Este ritual era observado con fascinación por mi hermana y por mí, que teníamos prohibido recoger los trozos que, en forma de reguero, iban marcando el recorrido de la procesión, con el consiguiente enojo de mi madre, que después tenía que fregar el suelo.

> Cuando por Reyes miraba al rey Baltasar me gustaba pensar que debía ser un carbonero elevado al fin a la categoría que le correspondía después de un trabajo tan duro y silencioso, porque recuerdo que todo el proceso de avituallamiento en casa se realizaba sin otro ruido que el de sus pasos, siempre bajo nuestras atentas miradas.
>
> Cada vez que la carbonera y la leñera se llenaban, los ratones tardaban en reaparecer. Yo sufría un poco pensando si los habrían aplastado, pero al cabo de unos días les volvía a ver. Y he de añadir que ver un ratón requiere mucho tiempo, paciencia, inmovilidad y silencio, cosas todas ellas de las yo disponía de sobras en mi infancia.

Como maestros compartimos la importancia de la observación. Pero ¿y los alumnos? ¿Cómo traspasarles esta capacidad de captar lo que sucede en nuestro entorno? Durante el curso 2000-2001, decidimos introducir la figura del observador en las sesiones de filosofía. Inicialmente lo hacemos en los cursos más altos, pero después comenzamos la experiencia a partir de tercer curso de Primaria.

El primer paso es decidir qué podemos observar y para qué nos servirá. Los criterios iniciales son sencillos:

- *Podemos observar si todos han participado o no.*
- *Si hablamos del tema o decimos cosas que no son oportunas.*
- *Si hablamos de cosas que son interesantes.*
- *Si alguien interrumpe.*
- *Si expresamos bien las ideas.*
- *Nos servirá para recoger las cosas que hemos propuesto y para ver si cada vez lo hacemos mejor.*

Así, la figura del observador se convierte en una parte importante de la evaluación y constituye un indicador clave de la evolución del grupo. Los mismos alumnos elaboran los criterios a observar, que pueden cambiar o ampliarse según avanzan las sesiones. Todo el mundo, a lo largo del curso, tiene que haber cumplido este papel al menos dos o tres veces.

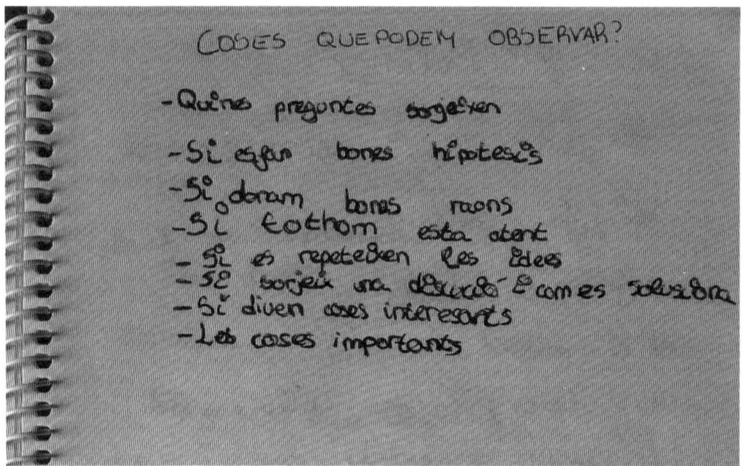

COSAS QUE PODEMOS OBSERVAR

- Qué preguntas surgen.
- Si se hacen buenas hipótesis.
- Si damos buenas razones.
- Si todo el mundo está atento.
- Si se repiten las ideas.
- Si surge una discusión y cómo se soluciona.
- Si dicen cosas interesantes.
- Las cosas importantes.

Que podem observar

Que hi ha la mitat o mes que no
fan els deures.
Si despres d'escoltar els companys, algú
canvia d'opinio.
Qui escolta i qui no.
Qui fa els deures.
Com dialogam.
Com raonam.
Si pensam abans de parlar.
Qui fa les preguntes.
Qui opina i qui no.
Observar l'interes amb participar.
Si intentam descobrir coses noves.
Si tenim diferents opinions.
Qui s'oblida el material.
Com responem.
Com reaccionam devant les preguntes.
Qui llegeix be.
Qui te interes amb participar i amb
raonar.
Si raonam filosoficament

QUÉ PODEMOS OBSERVAR

- Que hay la mitad o más que no hacen los deberes.
- Si después de escuchar a los compañeros, alguien cambia de opinión.

- Quién escucha y quién no.
- Quién hace los deberes.
- Cómo dialogamos.
- Cómo razonamos.
- Si pensamos antes de hablar.
- Quién hace las preguntas.
- Quién opina y quién no.
- Observar el interés por participar.
- Si intentamos descubrir cosas nuevas.
- Si tenemos diferentes opiniones.
- Quién se olvida el material.
- Como respondemos.
- Cómo reaccionamos ante las preguntas.
- Quién lee bien.
- Quién tiene interés en participar y en razonar.
- Si razonamos filosóficamente.

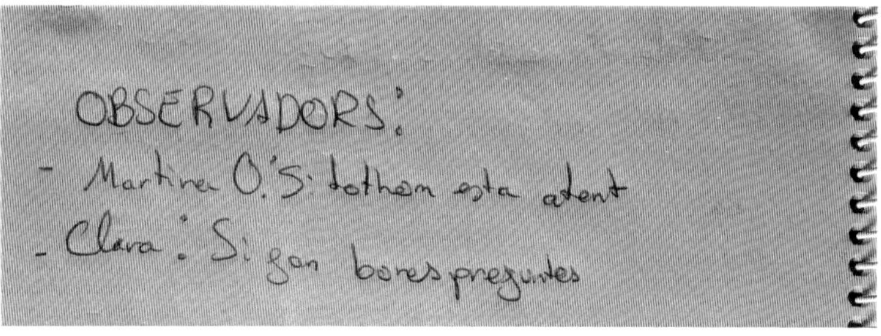
OBSERVADORS:
- Martina O.: Si tothom esta atent
- Clara: Si fan bones preguntes

OBSERVADORES:

- Martina O.: Si todo el mundo está atento.
- Clara: Si hacen buenas preguntas.

Textos extraídos de las libretas de alumnos de cuarto, quinto y sexto de Primaria (curso 2015-2016)

En cada sesión, hay dos observadores. Cada uno elige un aspecto (es imposible poder observarlo todo) y, en ocasiones, ambos pueden elegir el mismo porque nos sirve para darnos cuenta de que, aunque pongamos el punto de mira en un aspecto en concreto, no vemos ni captamos lo mismo.

Algunas cosas son relativamente fáciles de ver (si todos participan o qué preguntas surgen, por ejemplo), pero hay otros que no lo son tanto, como por ejemplo, si se dan buenas razones o si alguien cambia de opinión a raíz de la intervención de otro.

Nos damos cuenta de que el papel de observador ayuda a los alumnos más tímidos o reacios a participar porque se trata simplemente de comunicar hechos o aspectos concretos que han sucedido durante la sesión.

A la hora de poner en común los comentarios de los observadores, existen unas reglas de respeto hacia los demás, tales como no mencionar nombres propios al explicar los aspectos negativos. Así, encontramos que es mucho mejor decir *ha habido tres personas que han estado enredando*, o bien *dos personas no han aceptado que no tenían razón*, etc. Las referencias individuales no siempre son positivas, en cambio, las intervenciones anteriores nos ayudan a definirnos como grupo.

Por otra parte, sí encontramos muy importante citar quién nos ha ayudado a conducir el diálogo con una intervención clave o quién ha hecho una aportación extraordinaria, quién ha hecho una pregunta especial, quién ha puesto un contraejemplo original o quién ha reaccionado bien en una discusión.

Esto no se consigue enseguida, es necesario ir trabajando las intervenciones, ayudar al análisis, hacer matizar o clarificar en ocasiones determinados comentarios...

He aquí algunos ejemplos de pautas de observación donde se puede apreciar no sólo la evolución, sino también el talante, la naturaleza del grupo y algunos aspectos a superar.

¿Qué podemos observar en una sesión de filosofía?

3r curso 2003-2004	**4º curso 2008-2009**	**3r curso 2009-2010**	**6º curso 2004-2005**
- Si escuchamos. - Si nos perdemos. - Si hablamos cuando no toca. - Si alzamos el tono de voz. **4º curso 2004–2005,** El mismo grupo de alumnos. - Quién participa. - Si se respeta el turno de palabra. - Si pensamos filosóficamente. - Si gritamos o hablamos normal. - El tiempo que perdemos. - Si nos sabemos centrar en el tema de discusión. - Si al final sabemos hacer un resumen del tema o de los temas que hemos tratado.	- Si todo el mundo participa. -Si hablamos de cosas nuestras o que nos han pasado. - Si hay palabras nuevas o poco conocidas. - Si escuchamos a los demás. - Si esperamos el turno de palabra. Al final de curso se han añadido los siguientes ítems: - Si hablamos del tema que hemos elegido o decimos cosas que no son oportunas. - Si hablamos de cosas que sean interesantes. - Si al decir alguien una cosa a mí se me ocurre lo mismo, pero más interesante de lo que hemos dicho. Este último criterio no es observable por una tercera persona, ya que es personal y solo puede comunicarlo uno mismo, pero es un buen indicador del progreso del diálogo. En este grupo hay que citar la intervención de Sandra, que propone: *- También estaría bien que cada cual fuese observador de sí mismo.* *- ¿Qué quieres decir con eso? ¿Qué propones?* *- Que al final de la clase cada uno piense si ha hecho lo que teníamos que observar.*	- Quién está atento. - Quién participa en la conversación y quién no. - Si lo que decimos es oportuno o inapropiado. - Quién ayuda a que la conversación avance: quién ayuda a decir las cosas mejor o dice alguna cosa interesante que hace que la conversación se centre o cambie. - Quién hace preguntas. - Si miramos a quien habla.	- La participación: quién habla y quién no. - Si después de escuchar a los compañeros alguien cambia de opinión. - Quién escucha y quién no. - Cómo dialogamos: si damos buenas razones. - Fijarnos en las preguntas que hacemos (si son buenas preguntas). - Quién hace las preguntas (la maestra o nosotros). - Si razonamos filosóficamente. - Si pensamos antes de hablar. - El interés en participar y aprender a razonar mejor. - Si intentamos descubrir cosas nuevas durante la conversación. - Cómo reaccionamos ante las preguntas o las opiniones de los demás. - Si surgen muchas opiniones sobre un tema. *- Quién hace los deberes.* *- Quién se olvida el material.* *- Si alguien tiene dificultades en la lectura.* Con este grupo acordamos que los aspectos en cursiva serían anotados por la maestra.

Constatamos que, a medida que avanzan los cursos, las pautas de observación se vuelven más complejas. Hay una clara evolución en todos los grupos. Si bien al principio los aspectos a observar no difieren demasiado de los aplicables a otras actividades escolares, poco a poco, se van introduciendo algunos propiamente filosóficos. Cada uno de ellos es motivo de comentario y consenso. Es necesario clarificar qué quiere decir *dar buenas razones*, o de qué manera captaremos *el interés en participar y aprender* o qué quiere decir *pensar o razonar filosóficamente*, criterio que todos los grupos incorporan en algún momento de su evolución.

Diseñar una pauta de observación puede constituir en sí mismo una sesión de filosofía: hablar del significado, del alcance de cada uno de los ítems, de las dificultades de captar algunos, de la necesidad de definirlos lo más claramente posible para que sean observables... Este proceso pone en marcha toda una serie de habilidades de pensamiento. También requiere tiempo y paciencia, tesoros inapreciables en la vida.

Cada clase es diferente y, por tanto, también lo son los criterios a observar, aunque algunos son comunes a todos los grupos. Lo relevante es la consciencia que se crea sobre la importancia de aprender a observar para poder mejorar como individuos y como grupo.

FILOSOFIA ES PREGUNTAR Y PREGUNTARSE

⇨ Me encontraba en el cuartito donde teníamos las fotocopiadoras y estaba reproduciendo una hoja que utilizaría en la clase siguiente. Un alumno que volvía lentamente a su aula después de visitar el baño, al verme, entró y se quedó mirándome. Pasados unos instantes me preguntó: Esto que estás fotocopiando, ¿es interesante?

Nunca sospecharán mis alumnos cómo han influido y marcado mi vida profesional sus preguntas.

Para que un niño esté interesado en la lectura y en la escritura es necesario hablar de lo escrito, comentar los cuentos, los relatos, crear y sentir la necesidad de escribir. Lo mismo ocurre con las preguntas: ¿Qué cosas nos preguntamos? ¿Cuáles despiertan nuestra curiosidad? Hay que hablar de ellas y sentir la necesidad de hacer buenas preguntas.

Sabemos que en el ámbito filosófico hay dos grandes bloques, preguntas que suscitan opiniones: ¿Cuál es tu opinión? ¿Qué piensas sobre esto o aquello? ¿Estás de acuerdo con lo que han dicho? Y preguntas que promueven el razonamiento: ¿Qué razones tienes para decir eso? ¿Por qué estás de acuerdo? ¿Cómo definirías este término que acabas de usar? ¿Podrías aclarar...? ¿Qué se deduce de lo que dices?

Pero ¿por qué es interesante hacer y aprender a hacer preguntas? Las preguntas son mediadoras en el propio proceso de aprendizaje en cualquier ámbito y situación de la vida.

En el curso de 1999 nos centramos en el proceso de aprender a identificar y formular buenas preguntas. Distinguimos tres ámbitos:

A. Respecto al individuo. Preguntas para ayudarle a conocerse, a aceptarse y a evolucionar, es decir, a aprender a pensar mejor por uno mismo. Son cuestiones que hacen referencia al ámbito de la personalidad: físico y motriz, afectivo-emocional, relacional, cognitivo y metacognitivo. En este apartado nos planteamos: **¿Qué preguntas?**

B. Respecto al grupo. Preguntas para avanzar en el diálogo y ser conscientes de que aprendemos de y con los demás. El objetivo en este caso es pasar del diálogo en abanico (maestro-alumno-maestro-alumno...) al diálogo en estrella, es decir, los alumnos se interrogan entre sí y la maestra o el maestro interviene como uno más del grupo.
Nos planteamos cuántas preguntas hace la maestra y cuántas los alumnos, cuáles son reformulables, cuáles mejorables. Aquí la cuestión es: **¿Quién pregunta?**

C. Respecto a las habilidades de pensamiento. Preguntas para trabajarlas, hacerlas explícitas y conseguir la aplicación a otras áreas. En este caso se trata de identificar diferentes situaciones o temas y ver qué preguntas generan. Aquí la cuestión es: **¿Cuándo y sobre qué preguntar?**

Respecto a este último apartado, hay que decir que cada una de las situaciones comporta objetivos diferentes.

Así, cuando hablamos con los niños de las preguntas que hacemos cuando tratamos de la evaluación en general y de la evaluación del proceso de aprendizaje, el objetivo es *aprender a establecer criterios propios.*

En el momento en que planteamos la evaluación del funcionamiento del grupo, lo que pretendemos es *ser consciente de las aportaciones de los demás.*

Al analizar las preguntas surgidas en los diálogos, espontáneas o no, el objetivo es tratar de saber de qué estamos hablando realmente, *cuál es la cuestión de fondo implicada en cada interrogante.*

Cuando nos hacemos preguntas sobre un texto o una obra de arte, la finalidad es *aprender a elaborarlas y ser consciente de que las hay de diferentes clases.*

Si tratamos sobre hechos concretos o sobre objetos de uso cotidiano, el objetivo es *aprender a cuestionar la realidad.*

Cuando jugamos a presuponer las preguntas del otro, el objetivo es *aprender a interpretar, a inferir.*

Cuando nos adentramos con los alumnos en el proceso de aprender a hacer preguntas, observamos una evolución propia de cada grupo. En las aulas de Infantil y de Primer Ciclo, es sencillo. Dicen: *"Hay preguntas fáciles y preguntas difíciles."*

Un grupo de primero llega a la conclusión de que hay preguntas fáciles, difíciles y demasiado difíciles. Después de hablar del cuento de Rizos de Oro, plantean:

- *¿Por qué el padre hizo la sopa?*
- *¿Por dónde salió Rizos de Oro cuando se asustó?*
- *¿Rizos de Oro vivía cerca o lejos de los tres osos?*
- *¿Por qué no le gustó la sopa del oso grande?*
- *¿Está bien lo que ha hecho Rizos de Oro?*
- *¿Dónde iba cuando se encontró la casa de los tres osos?*
- *¿Cambiarías el final del cuento?*
- *¿Cuál es el problema del cuento de los tres osos?*
- *¿Por qué dejaron la puerta abierta los tres osos?*
- *¿Recuerdas todos los personajes?*
- *¿Sabes si mientras paseaban por el bosque los tres osos encontraron a alguien?*
- *¿Por qué se fue corriendo por la ventana?*
- *¿Cómo explicarías el final del cuento?*

- ¿Qué parte es el nudo del cuento? (esta pregunta que hace Marina es la que se considera "demasiado difícil").
- ¿Por qué se quedó dormida en la cama pequeña?
- ¿Dónde fue Rizos de Oro cuando huyó?
- ¿Tú también has tenido que huir alguna vez?

A partir de este listado iniciamos la clasificación de las preguntas con los criterios establecidos.

Pero en grupos de más edad la clasificación se complica. Por ejemplo, en un grupo de tercero de Primaria dicen que las preguntas son diferentes. Las hay que:

A. Nos hacen hablar de nosotros mismos: cómo somos, qué pensamos, cosas que nos pasan...
B. No tienes que pensar mucho para contestarlas porque la respuesta está en el texto o en el dibujo que lo acompaña.
C. Hacen pensar en el significado de las palabras.
D. Nos hacen recordar información que ya sabíamos.
E. Nos hacen imaginar y crear, inventar la respuesta.

El proceso más habitual es: en primer lugar, leer el texto (u observar una obra de arte, hacer un juego...); en segundo lugar, hacerse preguntas; a continuación, clasificarlas según lo que tenemos que hacer mentalmente para contestarlas; seguidamente, establecer y escribir los criterios. La fase final, de mayor complejidad, es elaborar intencionadamente preguntas de una determinada categoría.

Cuando invitamos a clasificarlas la consigna es: ¿qué pasa en nuestra mente, en nuestra cabeza? ¿qué tenemos que hacer para poder contestar esta pregunta? Ello requiere una tarea metacognitiva porque han de averiguar y diferenciar los comportamientos mentales que cada pregunta provoca. Para los niños es fácil: *Para contestar si has tenido que huir alguna vez sólo tienes que pensar en cosas que te han pasado a ti*. Y así, poco a poco, va surgiendo el listado de criterios.

Si jugamos con las preguntas, si nos planteamos como acto cotidiano hacer y distinguir las diferentes clases que el propio grupo ha establecido, aprender a formular cuestiones de una determinada categoría se transforma en un juego. Entonces se dan cuenta de que es fácil hacer preguntas personales, las que nos ayudan a conocernos. También son fáciles aquellas cuya respuesta está en el texto o en la imagen, pero no es tan fácil elaborar preguntas que te hacen pensar en el significado de las palabras o las que te hacen imaginar la respuesta.

Cada grupo es diferente y diferentes son los criterios iniciales de clasificación, pero todos van evolucionando y generando listados de criterios más complejos. Lo mejor de todo el proceso es la actitud que se crea al plantear interrogantes y darse cuenta de lo importante que es saber preguntar y cuestionárselo todo.

Otra manera de empezar con los alumnos el trabajo sobre las preguntas, sobre todo en cursos más altos, con la intención de trabajar a nivel más reflexivo -filosófico, diría yo- es plantear la cuestión de **qué preguntas nos hacemos a veces**, cuáles son difíciles de contestar o bien pensamos que no tienen respuesta, o que quizá tienen más de una respuesta.

El resultado suele ser un alud heterogéneo de inquietudes, dudas, cuestiones casi universales. He aquí el listado surgido en un grupo de quinto del año 2005.

- *¿Por qué soñamos?*
- *¿Cómo es posible que si "somos" un cerebro podamos mover el cuerpo de esta manera? Esta me la hago cuando estoy solo y no sé qué hacer.*
- *¿Por qué no me habré callado? O, todo lo contrario, ¿Por qué no se lo habré dicho? o ¿Por qué no le he dicho...?*
- *¿Qué pasa cuando nos morimos?*
- *¿Qué pasará en el futuro?*
- *¿Por qué se ha enfadado conmigo?*
- *Cuando voy por la calle a veces pienso ¿qué siente la otra gente? o ¿qué piensa la otra gente?*

- *Si hubiese hecho alguna cosa o si no la hubiese hecho, ¿qué habría pasado?*
- *¿Tengo amigos de verdad?*
- *¿Por qué a veces no me escuchan?*
- *¿Tendría que hacer esto?*
- *¿Cómo seríamos si no hubiésemos evolucionado?*
- *¿Cómo seremos cuando seamos mayores?*
- *¿Qué sería de nosotros si nuestro padre y nuestra madre no se hubiesen conocido?*
- *¿Por qué estamos hechos así? ¿Cómo es posible que estos órganos estén tan bien hechos?*
- *¿Qué pasa después de la muerte? ¿Cómo te sientes? ¿Dónde estás?*
- *¿Lo habré hecho bien?*
- *¿Cómo puede ser que nos podamos mover así?*
- *¿Por qué el mundo es así?*
- *¿Por qué las cosas son como son?*
- *¿Por qué el cerebro reacciona tan rápido?*
- *¿Cómo sería si todos pensásemos igual?*
- *¿Cómo sería el mundo sin los humanos, sólo con vida vegetal y animal?*
- *¿Por qué las palabras tienen el nombre que tienen? ¿Por qué las cosas se dicen como se dicen?*

La tarea siguiente es agruparlas y reflexionar sobre cuáles pensamos que tienen relación para, seguidamente, elaborar los criterios de clasificación que nos conducirán al proceso de aprender a hacer y a identificar buenos interrogantes.

Con los grupos de quinto y sexto las mismas preguntas pueden generar diversas actividades que promueven la consciencia de la importancia de aprender a hacer buenas preguntas. Una de las situaciones es cuando proponemos **extraer los temas de fondo que plantean las preguntas.**

En este caso, el objetivo es darse cuenta de que las preguntas son puntos de partida para tratar diferentes temas. Un ejemplo: al requerimiento sobre qué interrogantes plantea el capítulo segundo de *Pimi*, un grupo de sexto genera un listado amplio. Seguidamente, se trata de ver que cada una de las cuestiones planteadas nos llevaría a hablar de diferentes temas.

¿Pimi es niño o niña? *¿De qué sexo es Pimi?*	Nos llevaría a hablar de los nombres y también de otras cosas que sirven igual para niños y niñas
¿Cómo te parece que son los personajes que salen en el capítulo?	Esta pregunta nos conduciría a plantearnos las relaciones entre ellos. El tema del carácter. Los sentimientos. Todo el mundo es diferente.
¿Qué te parecen los dos primeros capítulos de Pimi?	Las opiniones. Gustos y preferencias.
¿Qué pone primero Pimi, la leche o el cacao?	Las costumbres. Las manías personales.
¿Es cotilla su hermana? ¿Por qué?	Caracteres. Si es correcto o no invadir la intimidad. Buscar argumentos

De esta manera, los alumnos, en las sesiones de filosofía, son conscientes de que cada pregunta puede generar caminos diferentes en el diálogo. Y poco a poco, como es habitual que suceda, lo extrapolan a otras situaciones. Así llegan a analizar y explicitar la importancia de la intencionalidad de las preguntas.

Debo decir que las que me preocupan personalmente son, sobre todo, las referentes a mi intervención, y algunas de ellas reflejan los propios deseos: que todo el mundo se sienta acogido, tranquilo, y que, al mismo tiempo, puedan darse cuenta de que en cada sesión de filosofía suceden cosas importantes, cosas que nos van cambiando y que nos hacen crecer en todos los sentidos. Algunas de las más habituales son:

- ¿Todo el mundo ve los ojos de todo el mundo?
- ¿Quién quieres que te ayude?
- ¿Me ayudas a recordar?
- ¿Dejamos pasar unos minutos? A veces para pensar necesitamos silencio.
- ¿Qué ha ocurrido ahora? ¿Alguien se ha dado cuenta? (cuando alguien razona sobre lo que había dicho otro, surge una determinada habilidad de pensamiento...)
- ¿Qué pensáis que hemos aprendido?
- ¿Qué nos ha sorprendido hoy?

Y todas aquellas preguntas que conducen a la reflexión, a la proyección de lo que hacemos en la escuela:

- ¿Qué hemos conseguido haciendo este trabajo?
- ¿Por qué pensáis que hacemos esto?
- ¿Para qué nos servirá fuera de la escuela?

También he de confesar que son muchísimas las preguntas de los alumnos que me han sorprendido, sobre todo a edades tempranas, pero también las hay que han sido formuladas en los últimos cursos de Primaria:

- *¿Cualquier afirmación puede ser convertida en pregunta?*
- *¿La ambigüedad es oral?*
- *¿Puede haber alguna palabra que no sea polisémica y sea ambigua?*

Algunas son realmente especiales, como la que formula una alumna de sexto después de leer el último capítulo de *Pimi*: *¿Qué eran las estrellas antes de serlo?*

La curiosidad despierta interrogantes y este es un punto de relación entre la filosofía y otro ámbito de investigación en nuestra escuela, los proyectos de trabajo.

El final del episodio cuarto de *Kio y Gus* gira alrededor de las preguntas. Cuando la madre pregunta: "Gussi, ¿es necesario que lo sepas todo?", Diana se la hace suya y dice que las preguntas que hace Gus - *¿De dónde ha salido antes de llegar aquí? ¿Y a dónde irá cuando se vaya de aquí?* - le recuerdan nuestros proyectos de trabajo. Entonces el diálogo continúa.

> Gerard: *Gus hace como un proyecto de trabajo sin punto de partida, pregunta e intenta averiguar el pasado y el futuro.*
> Fátima: *Gus quiere conocer todos los procesos de las cosas, relacionados con el punto de partida del origen y la evolución.*
> Cristina: *Cuando se propone una cosa no para hasta que lo averigua, siempre intenta conseguir saber más. Como nosotros en proyectos.*
> Eli: *Descubrimos cosas nuevas al paso del tiempo. Gus siempre hace preguntas. Siempre saca temas e ideas.*
> Jaume: *Gus, con una bellota o un libro, se pregunta de dónde viene y a donde irá. Nosotros hicimos un proyecto sobre de dónde proceden los fenómenos naturales y qué función tienen en la tierra y en el espacio.*

Debo aclarar que, para nosotros, el "punto de partida" es el interrogante, el eje, la cuestión de fondo que guía la investigación en los proyectos.

Está claro que los mismos niños descubren estas relaciones entre los dos programas que llevamos a cabo en la escuela. Sus conexiones son claras y en las dos situaciones las preguntas tienen un papel clave. Filosofía y proyectos de trabajo:

- Comparten la misma concepción psicológica sobre lo que es enseñar y aprender.
- Muchas de las habilidades de pensamiento que trabajamos desde la filosofía son las mismas que trabajamos en los proyectos.
- En las sesiones de filosofía pretendemos identificar problemas, posibles puntos de partida para el diálogo, cuestiones de fondo que puedan conducir a una búsqueda de mayor significado, al igual que sucede en los proyectos.
- En ambos espacios se trabaja la toma de decisiones, las relaciones con los demás y con el entorno.

Pero, sobre todo, comparten la reflexión sobre qué aprendo de mí mismo y de los demás mientras vivo en la escuela, cómo interpreto lo que pasa y lo que me pasa.

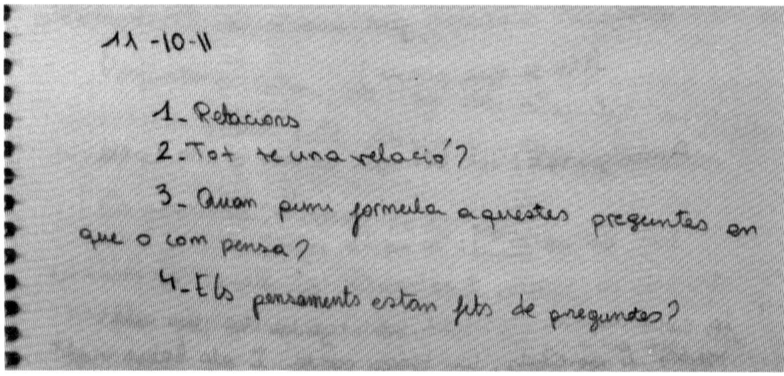

11-10-11

1. Relacions
2. Tot te una relació?
3. Quan pimi formula aquestes preguntes en que o com pensa?
4. Els pensaments estan fets de preguntes?

Trabajamos sobre las preguntas: ¿cuáles nos sugieren el episodio de hoy?

Alumna de quinto de Primaria (curso 2011-2012)

11-10-11

1. Relaciones.
2. ¿Todo tiene una relación?
3. Cuando Pimi formula estas preguntas, ¿en qué o cómo piensa?
4. ¿Los pensamientos están hechos de preguntas?

EVALUAR PUEDE SER ALGO COTIDIANO

⇨ Nos habíamos lanzado al mundo de los proyectos de trabajo. Nos guiaba Maite Mases, uno de los puntos de referencia en mi vida. Por aquel entonces, me preocupaba si lo que hacía era lo correcto. Habíamos introducido muchos cambios en la práctica: los alumnos proponían qué investigar y gestionaban las actividades, pero quería estar segura de evolucionar positivamente. Al plantearle mis dudas, ella me preguntó: *¿Cómo evaluarás? Dime cómo evalúas y te diré lo que progresas.*

Entonces entendí que todo cambio, pedagógico o no, comienza en la evaluación, que no es más que la propia conciencia de progreso.

Efectivamente, la evaluación es tomar conciencia del propio progreso y, por eso, son los alumnos los que tienen que aprender a evaluar y autoevaluarse. Es un eje importante del proyecto de filosofía desde el momento en que su objetivo es mejorar la capacidad de pensamiento y evaluar es reflexionar y aplicar criterios.

Naturalmente, la idea de evaluación es muy amplia. Podemos evaluarnos a nosotros mismos, como individuos y como grupo. Podemos evaluar nuestro trabajo, los procesos que ponemos en marcha y los resultados.

Incluye numerosos aspectos. He aquí algunos ejemplos:

Respecto a la dinámica	Respecto al contenido	Respecto a la participación
- Claridad de la discusión. - El recorrido de la sesión - Su funcionalidad.	- La profundidad del tema. Los temas surgidos - Las habilidades de pensamiento. - La evolución del diálogo...	- La intervención propia o la del grupo. - Las actitudes. - Los sentimientos. - Las relaciones entre los miembros del grupo.

En las guías, hay recursos inagotables para ser conscientes del progreso y compartirlo con el alumnado. Sin obsesionarnos, creo que, desde muy pronto, debemos introducir elementos que creen esta conciencia.

Inicialmente, somos los maestros quienes aplicamos estas herramientas, pero, poco a poco, compartimos con los alumnos los objetivos y los criterios de evaluación que consensuamos para constatar la evolución personal y como grupo. Y dejamos constancia de ello en los cuadernos.

Año tras año, cada grupo explicita las metas a conseguir. ¿Qué nos proponemos mejorar durante este curso? He aquí algunos ejemplos. En el curso 2014-2015, un grupo de sexto se plantea dos objetivos:

1. Darnos cuenta de que la filosofía nos sirve para las otras asignaturas.
2. Ser capaz de identificar diez habilidades de pensamiento.

Con ellos establecemos los criterios de evaluación, es decir, sabremos que lo hemos conseguido si:

- Cuando estamos haciendo otra asignatura nos damos cuenta de que aquello que hacemos mentalmente también lo hacemos o lo hemos hablado en filosofía.
- Podemos poner ejemplos de habilidades de pensamiento que utilizamos cuando no hacemos filosofía.

- Somos capaces de decir al final de una sesión qué habilidades han surgido.

Otro grupo de cuarto, el curso 2015-2016, se propone un solo objetivo: aprender a expresar mejor aquello que queremos decir. Pero ¿cómo sabremos que nos expresamos mejor? Surgen los siguientes criterios:

- Si hablamos más, si sabemos explicar más cosas de nosotros mismos.
- Si participamos más.
- Si damos mejor las explicaciones:
  - Si son más claras (y con nuestras palabras).
  - Si se puede entender lo que dices.
  - Si están relacionadas con el tema.

Y la cuestión que se deriva es: ¿Cómo lo evaluaremos?

- Uno mismo.
- Los observadores.

En este caso, los alumnos observadores se convierten en un nuevo instrumento de evaluación.

Otro aspecto es la cuestión de la autoevaluación, donde es posible reflexionar sobre la propia participación en la discusión, las aportaciones hechas o aquello que cada grupo encuentre relevante tener en cuenta.

He aquí una pauta de autoevaluación utilizada por un grupo de sexto que hace el programa de *Pimi:*

- ¿He hablado?
- ¿A quién me he dirigido?
- ¿He puesto ejemplos?
- ¿He animado a otros a hablar?

- ¿He dado razones?
- ¿He ayudado a hacer avanzar el diálogo?
- ¿He intervenido teniendo en cuenta las observaciones de los compañeros?
- ¿He disfrutado de pensar?
- ¿Qué habilidades de pensamiento he utilizado?

Respecto a los maestros, es importante esta autoevaluación para ser conscientes de cómo evolucionamos. En la guía *En busca del sentido,* hay buenos ejemplos de preguntas que nos ayudan a progresar en nuestra intervención durante las sesiones.

En cuanto a la dinámica o lo que ha sucedido durante la sesión, hay preguntas que ayudan si no a la evaluación propiamente dicha, sí a la valoración, consciencia y resumen de la sesión: *¿Qué hemos hecho hoy? ¿Qué hemos aprendido?* Dos ejemplos:

Tercer curso, noviembre de 2005:

- Hemos mirado nuestros dibujos.
- Hemos pensado en cosas que hemos visto antes.
- Hemos argumentado.
- También hemos pensado diferentes cosas.
- Hemos hecho un resumen.
- Hemos puesto títulos y los hemos explicado.
- También hemos enseñado nuestros dibujos de los leones en la playa.
- Y hemos contado una historia de Miquel Barceló.

Quinto curso, octubre de 2008:

- Hemos relacionado palabras de este capítulo con ideas que habíamos tratado en otros capítulos.
- Hemos analizado el carácter de... (personaje de la novela)
- Hemos recordado cosas que nos habían pasado.
- Hemos hecho hipótesis.

Son cuestiones que contribuyen, en el día a día, a crear este sentimiento de evolución continuada:

- *¿Para qué nos sirve –o nos servirá en un futuro– esto que hacemos ahora?*
- *¿Por qué creo que la profesora o el profesor me hace hacer esto?*
- *De lo que estamos hablando o haciendo, ¿Se deriva algún cambio o actuación concreta, inmediata o en el futuro?*

Son todas aquellas preguntas que nos hacen relacionar lo que se hace en el aula o en la escuela con otros ámbitos del conocimiento o de la vida.

Respecto al tema de la evaluación hay numerosa bibliografía, pero querría rescatar la inestimable aportación que Josep Maria Terricabres hizo en la V Conferencia de Filosofía en Gerona que, personalmente, me ha servido para compartir con algunos grupos de alumnos y de maestros. Menciona los siguientes **indicadores de progreso:**

- *Ser más crítico:* tener una actitud más atenta ante los argumentos propios y ajenos.
- *Ser más dialogante:* ser más capaz de aceptar o cambiar de opinión.
- *Ser más imaginativo:* ser más capaz de buscar alternativas y poder descubrir elementos interesantes en diferentes posibilidades.
- *Ser más claro:* ser más capaz de analizar y exponer con claridad cuestiones enrevesadas y abstrusas.
- *Ser más práctico:* ser más capaz de ver la relevancia práctica de las reflexiones para la vida real. Saber tomar decisiones en la vida personal y colectiva.
- *Ser más paciente:* ser más capaz de revisar cosas ya hechas, verlas desde otros puntos de vista, esperar que también los otros lo hagan.

De lo que no hay duda es que la evaluación es una actitud cotidiana. Hay que reconocer el progreso día a día, y es un progreso personal y colectivo a la vez.

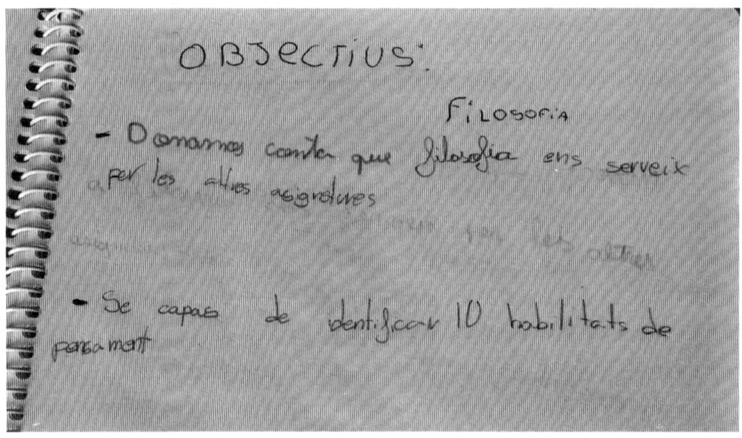

Nos marcamos objetivos. Grupo de sexto de Primaria. (curso 2014-2015)

OBJETIVOS:

- Darnos cuenta de que filosofía nos sirve para las otras asignaturas.

- Ser capaz de identificar diez habilidades de pensamiento.

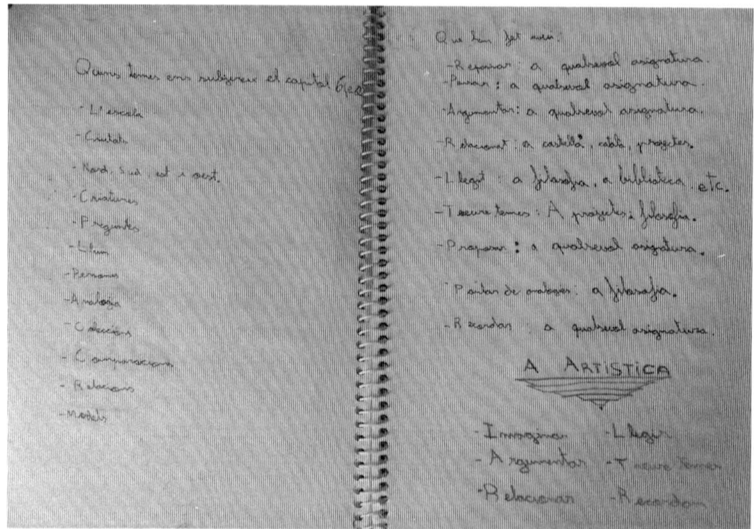

Revisión del primer objetivo: en qué momentos utilizamos las habilidades de pensamiento trabajadas en filosofía. Alumno de sexto de Primaria (curso 2014-2015)

Qué temas nos sugiere
el capítulo 6

- La escuela
- Ciudades
- Norte, sur, este y oeste.
- Criaturas
- Preguntas
- Luz
- Personas
- Analogías
- Colecciones
- Comparaciones
- Relaciones
- Modelos

Qué hemos hecho hoy:

- Repasar: en cualquier asignatura.
- Pensar: en cualquier asignatura.
- Argumentar: en cualquier asignatura.
- Relacionar: en castellano, catalán, proyectos.
- Leer: en filosofía, en biblioteca, etc.
- Extraer temas: en proyectos y filosofía.
- Proponer: en cualquier asignatura.
- Hablar de analogías: en filosofía.
- Recordar: en cualquier asignatura.

<u>EN ARTÍSTICA:</u>

- Imaginar
- Argumentar
- Relacionar
- Leer
- Extraer temas
- Recordar.

...Y DIFERENTE: LA EVALUACIÓN FIGUROANALÓGICA

⇨ Aquel año era tutora de tercero y era el inicio del curso. Observé con sorpresa que, por segundo día consecutivo y mientras todo el mundo entraba a clase de una manera habitual, uno de los alumnos, al llegar a la puerta, lanzaba con fuerza la mochila, que se deslizaba por el suelo. Él se lanzó detrás, reptando hasta llegar a su sitio; entonces se incorporó escalando su silla y se sentó como si nada.

Un tanto asombrada le pregunté: Arnau, ¿siempre lo haces así al llegar a clase? Él me contestó: Mira, hay diferentes maneras de llegar a la mesa, una es caminando normal, otra sería ir por encima de las mesas y sillas, pero... (e hizo un gesto como descartándolo) y el otro es ir por debajo, como lo acabo de hacer.

Pensé: este crío es especial, ve muchas más posibilidades que yo. Entonces me escuché a mí misma diciéndole: Vale, pero ve con cuidado de no molestar a los demás.

El descubrimiento de la evaluación figuroanalógica, de la mano de Angélica Sátiro, supuso un cambio radical, otra manera de ver la evaluación. Es una propuesta absolutamente creativa para evidenciar la consciencia del propio progreso.

Como dice Angélica, el término "figuro" hace referencia al pensamiento que utiliza símbolos, imágenes o figuras para ejercitarse y al material utilizado para motivar el razonamiento analógico.

"Analógico" es un término relativo al tipo de razonamiento que capacita el pensamiento para comparar, establecer relaciones distintas, percibir semejanzas y diferencias, etc., y que ayuda a desarrollar el pensamiento crítico, creativo y cuidadoso.

Según De Puig y Sátiro, en *Jugar a pensar,* evaluar supone análisis, reflexión e investigación y, entre otras actividades de tipo evaluativo, se propone especialmente evaluar a través del ejercicio de razonamiento analógico, que capacita para hacer síntesis profundizada, verbalizada y no desprovista de significación.

La evaluación figuroanalógica consiste en el uso de imágenes artísticas o no, obras de arte, dibujos, elementos de la naturaleza, de símbolos culturales, de objetos diversos, de sonidos, piezas musicales, gestos, olores... a través de los cuales se motiva este tipo de razonamiento.

El cambio más importante viene dado porque es el alumno quien evalúa desde su propia mirada. No se siente cuestionado y la evaluación se convierte en un momento más de la sesión, lúdico y participativo.

Se sugieren más ideas, hay muchas posibles respuestas y cada alumno comparte su opinión y valoración sobre lo que se pregunta.

La evaluación pasa a formar parte intrínseca del proceso de reflexión, abre un proceso de metacognición y un abanico de habilidades se ponen en juego.

Pero, a pesar de la aceptación inmediata y entusiasta de este tipo de evaluación, es necesario tener en cuenta una serie de consideraciones.

Todo se puede evaluar, desde los sentimientos a la profundidad del diálogo. Por ello, es imprescindible **definir el objetivo** y dejar claro el aspecto concreto que en aquel momento se evaluará.

Las primeras veces los alumnos tienden a proyectar cuestiones afectivas hacia los materiales utilizados: elegirán el paisaje o la canica que más les gusta, el que les produce recuerdos agradables o cualquier otro tipo de preferencia.

Por eso, cuando presentamos un material nuevo, lo primero de todo es hablar de él: cuál nos gusta más, por qué, si lo hemos visto antes, qué características tiene (cómo es cada paisaje, cada canica, cada objeto, imagen, música, etc.), es decir, familiarizarnos con los elementos que utilizaremos, de forma que en sesiones sucesivas podamos separar nuestras preferencias del aspecto concreto a evaluar. Porque, en un principio, como hemos dicho, tienden a elegir aquello que les gusta más sin tener en cuenta lo que se pretende evaluar.

En segundo lugar, comentamos qué tienen en común los elementos presentados (todos son zapatos, cuerdas, hilos o lazos de diferente grosor y longitud, imágenes de obras de arte de danza...) y con qué lo podemos relacionar. Zapatos: caminar, comodidad, moda, gustos... Cuerdas y lazos: cosas que se pueden atar, situaciones en que necesitamos juntar cosas o bien qué podemos hacer con una cuerda o con un lazo. Reproducciones de obras de arte sobre el tema de la danza: bailar solo, en pareja o en grupo, tipo de danza, personas que bailan, movimiento, música... La finalidad es evidenciar y compartir que cada grupo de objetos o cada material propuesto esconde una o varias cuestiones de fondo que preparan para el razonamiento analógico.

Una vez conseguida esta diferenciación entre cuestiones afectivas y concreción sobre lo que pretendemos evaluar, es imprescindible **afinar muy bien la pregunta concreta que abrirá el diálogo**, porque entender una cosa u otra puede cambiar el sentido de la evaluación. La pregunta debe ser clara y a menudo es preciso consensuar su significado.

El tratamiento de un determinado material puede constituir en sí mismo una sesión de filosofía.

Hay que decir que un mismo material sirve para evaluar diferentes aspectos, dependiendo de la pregunta lanzada. Por ejemplo, la colección de obras de arte de danza, que consta de siete imágenes, la utilizamos para diferentes situaciones abiertas —la propia participación o la evolución de la comunidad de investigación—. Una colección de paisajes sirve para valorar *¿Cómo me he sentido hoy durante la sesión?* Y también su recorrido: *¿Por cuál paisaje o camino hemos transitado hoy?* He aquí un ejemplo de esta última propuesta:

> Miguel A.: *La de la nieve, porque hemos hablado del blanco.*
> Rosa: *Yo elegiría la del mar, porque la sesión de hoy ha sido muy tranquila.*
> Saray: *La del camino con piedras porque ha sido un poco difícil...*
> Jose: *¿Y con qué te has tropezado, con una piedra pequeña o con una grande?*
> Saray: *Con pequeñas.*
> Maestra: ¿Nos puedes poner un ejemplo?
> Saray: *Cuando no se me ocurría lo de los colores...*
> Rebeca: *Yo también la del mar porque la sesión ha sido grande y muy tranquila.*
> Maestra: ¿Qué quieres decir cuando dices "grande"? (abre los brazos haciendo un gesto muy amplio y todos reímos).

Es la segunda vez que este grupo utiliza las fotografías de paisajes para la evaluación.

En la primera ocasión, solamente dos alumnos, un niño y una niña, lo entendieron. El resto se limitó a relacionar las fotos con el contenido o aspectos de la sesión: *La del mar porque el abuelo es marinero,* etc.

Esta vez, y a partir de la intervención anterior de estos alumnos, prácticamente todo el mundo es capaz de argumentar su elección con relación a lo que se pide. Excepto Miguel A. que, como se ve, aún continúa relacionando las fotos con aspectos parciales de las conversaciones, lo cual ocurre a menudo. Por eso no es fácil la adecuación de las respuestas, son necesarios tiempo y práctica. En este caso en particular, la maestra no interviene, dejando para más adelante el trabajo de concreción de la pregunta.

Otro aspecto importante, una vez pensado y elegido el material, es **explicitar y compartir con los alumnos los criterios por los cuales utilizaremos ese material y no otro.**

En este sentido hay dos tipos de evaluaciones: las **abiertas**, en las que cada cual va explicando y argumentando su opción, con posibilidades más diversas y un resultado enriquecedor, porque a menudo surgen relaciones insospechadas; y **las evaluaciones cerradas**, donde los criterios se han pactado previamente y agilizan la valoración cuando no disponemos de mucho tiempo. Éstas requieren de un material un poco más acotado y de una sesión previa para la elaboración de criterios, en cambio son muy útiles y no dejan de ser un trabajo de razonamiento analógico. Es el caso de los círculos concéntricos, a modo de diana, para valorar la propia participación, o si nos hemos centrado en el diálogo, o incluso para valorar la profundidad del diálogo.

En definitiva, los aspectos evaluables son numerosos y a menudo nos obligan a centrarnos en nosotros mismos y en el grupo, como comunidad de investigación que formamos. Valorar la propia aportación, la claridad de la discusión (como en el caso de la imagen), nos hace desplegar toda una serie de complejas habilidades que se ven reforzadas si las relacionamos y las ubicamos en el proceso que vivimos todos juntos.

Grupo de tercero de Primaria evaluando la claridad de la discusión con canicas. (curso 2003-2004)

Evaluamos con paisajes: ¿Qué imagen es la más adecuada para explicar cómo me he sentido hoy durante la sesión?
Grupo de sexto de Primaria (curso 2004-2005)

ABRIMOS PUERTAS A LAS FAMILIAS, A OTROS MAESTROS Y MAESTRAS

➪ El primer destino que tuve fue en Sant Carles, en la isla de Ibiza. Entonces la mayoría de los cursos daban clase en módulos prefabricados ubicados -si no recuerdo mal- a la salida del pueblo. El grupo formado por alumnos de tercero y cuarto, en cambio, estábamos en la antigua escuela, un edificio del tiempo de la República, con un techo muy alto y unos ventanales enormes que iluminaban el aula.

Algunos de los niños llegaban desde lugares cercanos con un autobús que los recogía y los venía a buscar acabada la jornada. El recuerdo más vivo que conservo es el encuentro con un grupo de familias que conocí en el pueblo. De vuelta a casa sólo pensaba en una cosa, que aquellas mujeres eran muy valientes, porque dejaban a sus hijos en mis manos. No me conocían y, aparte de mi ilusión, no sabía si podría corresponder a sus expectativas. Entonces me di cuenta de la responsabilidad que suponía mi trabajo.

Desde entonces siempre me ha acompañado el deseo de entender y de compartir con las familias lo que ocurre en la escuela.

En el curso 2002-2003 era cotutora de sexto de Primaria. Un grupo intenso y tan heterogéneo como inspirador cuestionaba la cotidianidad de *Pimi* y de sus amigos como si fuesen unos compañeros más. Algunas de las tareas que proponíamos para hacer fuera de la escuela consistían en comentar con las familias —progenitores, abuelos, hermanos o quien fuese— alguna de las cuestiones que habían surgido durante la sesión.

Ello derivó en el hecho de que algunas opiniones eran controvertidas y, en el momento de compartirlas, la persona que las había expresado no estaba en el aula. Entonces decidimos abrir nuestras sesiones semanales a todos los familiares que pudieran y quisieran asistir.

Hicimos una nota invitándolos y el resultado fue que cada día nos acompañaba alguna abuela, madre o padre. Una de las madres, ama de casa, venía asiduamente, de manera que un día, cuando estábamos a punto de iniciar la clase, alguien dijo: *¡Eh! No podemos empezar, ¡falta Paquita!* Y la esperamos.

La experiencia fue entrañable y enriquecedora. Todo el mundo se esforzaba más de lo habitual para darse a entender mejor y para participar. También era especial para las personas que venían. Recuerdo una abuela que a la salida me dijo: *Hoy he descubierto que tengo un nieto nuevo. Nunca hubiese creído que esta criatura tan tremenda cuando está en casa fuese capaz de razonar de esta manera.*

A partir de entonces, y durante años, continuamos invitando a las familias. También había exalumnos que, a veces, al salir del instituto, asistían a las sesiones.

Paralelamente, con otras maestras de la escuela y a través de la Asociación de Madres y Padres de Alumnos, realizamos durante dos cursos, talleres de filosofía para adultos. Es muy interesante ver que entre los temas que surgen a la hora de comenzar el diálogo, hay muchos comunes con los niños.

Como muestra, he aquí la "pizarra" o propuestas hechas por un grupo de familias después de la introducción de *Kio y Gus:*

> ***¿Qué nos ha sorprendido? ¿Qué nos gustaría comentar?***
> *- "Como sería si lo pudiésemos entender todo". A mí sí me gustaría saberlo todo.*
> *- Que se quiera poner en la piel de otro. ¿Es posible eso?*

- *Las palabras en cursiva, ¿Por qué ha puesto estas palabras en concreto?*
- *La ballena del abuelo.*
- *¿Quién habla?*

Todas estas propuestas han sido formuladas en alguna ocasión por los alumnos. Evidentemente el diálogo evoluciona de manera diferente con los adultos y la investigación se hace más profunda o desde unos parámetros vivenciales donde la experiencia es más compleja, más amplia. Pero yo diría que las cuestiones de fondo acaban siendo en ambos casos temas universales que nos preocupan a los humanos. Los mismos, quizá, que hicieron nacer la filosofía.

Con las diferencias pertinentes, este grupo de adultos y muchos grupos de niños se plantean si *saber y entender es lo mismo, qué nos ayuda a saber y qué nos ayuda a entender.* Inevitablemente, se habla de conocimiento y de aprendizaje, de dónde y cómo aprendemos. Son, como las otras propuestas, inquietudes que no saben de edad.

La dinámica de las sesiones era la misma que con los alumnos; solíamos acabar con la reflexión sobre qué habilidades de pensamiento habían surgido –todo el mundo disponía de un breve listado y se habían dedicado diferentes momentos a hablar de ellas y explicitar su significado–. Se cerraba la sesión con una evaluación figuroanalógica, que tenía una gran aceptación.

El entusiasmo por las sesiones de filosofía caló en muchas familias. He de recordar con agradecimiento la participación de Elena, una madre que asistía a la mayoría de las sesiones en el aula y recogía las conversaciones, transcripciones que nos servían en las sesiones posteriores para recuperar opiniones o temas pendientes.

Tan importantes como las sesiones de filosofía que vivimos en el aula es la proyección que éstas tienen en nuestra vida. Por eso es vital transmitir, de alguna manera, que aquello que pensamos y tratamos no es privativo de la escuela, sino la preparación o la consecuencia de lo que sucede fuera. En este sentido, buscar la implicación de las familias es fundamental.

Por otra parte y dadas las características de la escuela, frecuentemente recibimos la visita de otros maestros interesados en la dinámica de los diferentes programas que se llevan a cabo y suelen asistir a alguna sesión de filosofía. Hay que decir que los alumnos están acostumbrados a compartir su tiempo con personas externas al aula, pero aun así a veces se habla de las visitas a recibir.

En estas ocasiones, además del intercambio de preguntas dirigidas a conocerse por ambas partes, se plantea una cuestión más concreta: ¿Qué aprenderán los profes que vengan a nuestras clases de filosofía? Las respuestas de algunos alumnos de quinto son significativas:

> *- Creo que verán la capacidad que tenemos a la hora de pensar, de transformar las cosas y la forma de deducir cada pregunta o respuesta.*
> *- Verán que los niños también sabemos muchas cosas y verán nuestra participación.*
> *- Podrán ver que de un libro se pueden extraer muchos temas para hablar entre todos.*
> *- Aprenderán cuáles son nuestras expectativas, nuestros sueños, nuestra manera de pensar y reflexionar sobre un tema o varios, nuestra forma de deducir, la forma en que ampliamos nuestro vocabulario, cómo aprendemos cosas de nuestros compañeros, etc.*
> *- Si una maestra viniese a nuestra clase aprendería a hacer preguntas extrañas.*
> *- Aprendería nuestras opiniones, lo que hacemos, lo que pensamos.*
> *- Verán formas de pensar diferentes.*

La presencia esporádica de personas externas al aula en las sesiones de filosofía aporta trascendencia y proyección de lo que se hace, aunque es necesario el retorno por parte de los asistentes, ya sea al final de la sesión o con posterioridad, con el fin de que los alumnos sean conscientes de la importancia del trabajo hecho.

Madres participando en una sesión de filosofía (curso 2005-2006)

HACER DE MAESTRA: UNA PROFESIÓN PRIVILEGIADA

➪ Volvía a casa después de la escuela, acompañada de mis dos hijos. Había sido uno de esos días pesados y ellos iban hablando y preguntándome cosas una tras otra. En un momento dado, les dije: "¡Ay, chicos! Hoy estoy un poco cansada, creo que ya no puedo más... niños en la escuela, niños en casa...". Sin transición, mi hija de cinco años comentó: "¡Yo igual!: maestras en la escuela, maestras en casa...".

Nuestra profesión no es fácil, y enfrentarse al reto de hacer filosofía en el aula requiere de valentía e incluso afrontar un cierto riesgo, diría yo.

En este proceso hay diferentes aspectos, el primero de todos: ¿Cómo empezar? ¿Qué esperar la primera vez? Creo que lo importante es, precisamente, no esperar demasiado, sencillamente compartir el sentimiento de iniciar algo nuevo. Personalmente, a veces comienzo la experiencia sugiriendo que haremos una cosa diferente e interesante que se llama "filosofía". Si son mayores y no han hecho nunca, pregunto qué saben, si les suena este nombre, qué creen que haremos. Pero, en general, comenzamos diciendo que haremos algo especial. Si son pequeños, una marioneta o un determinado ritual sirve para introducir la lectura, el cuento, la obra de arte o el juego que conducen al diálogo. Es al final de la sesión cuando le ponemos el nombre.

Poco a poco, los niños captan que son sesiones diferentes, donde se va creando un clima propicio a la reflexión (en silencio, a nivel personal, o en voz alta).

Estar en círculo, que todos puedan ver al resto de compañeros, favorece la sensación de intercambio, de conexión con el otro. Contribuye a crear un ambiente distendido, de respeto mutuo.

En las primeras sesiones, se habla de las normas que deben respetarse. Cada grupo es diferente y por tanto diferentes son también los acuerdos que se toman, aunque hay algunos comunes, como el respeto al turno de palabra, levantar la mano si queremos intervenir...

Para nosotros fue muy importante la regularidad, tener un horario, un espacio semanal dedicado a hacer filosofía.

Inicialmente somos las maestras y maestros los que ponemos el título. Poco a poco, son los alumnos los que lo llenan de contenido y, así, al cabo de un tiempo, solemos preguntar: ¿Cómo explicarías lo que hacemos en filosofía? ¿Qué es la filosofía para ti? Habitualmente, a partir de ejemplos, los niños van elaborando la propia definición y las finalidades que nos guían. Cada curso, en un momento u otro, lo planteamos, de manera que a lo largo de la escolaridad las definiciones se van haciendo más significativas, más afinadas, más profundas.

Por lo que respecta al diálogo, para los docentes siempre son una sorpresa las concepciones que afloran. Nos ayuda a conocer mucho mejor a nuestros alumnos. Es, en definitiva, una experiencia gratificante y creativa, no exenta de dudas y variaciones de ánimo.

En las conversaciones no se trata de buscar respuestas geniales entre nuestros alumnos, sino de convertir en geniales sus respuestas, demostrar que en la más sencilla de las intervenciones se esconde una cuestión de fondo universal. Es importante buscar el pensamiento del niño allá donde está, quiero decir, pensar lo que es capaz de hacer, no exigir lo imposible. Como maestros debemos estar convencidos de que los niños son capaces de pensar y hablar con sentido. A lo largo de los años he aprendido que sus aportaciones nunca son gratuitas y banales, siempre hay una razón, aunque a los adultos nos sea difícil descubrirla. Por ello, nuestro papel es fundamental. Nunca acabamos de aprender a escuchar, a escuchar de verdad, sin presuponer nada, a pedir aclaraciones con el fin de ayudar a expresar aquello que la falta de dominio del lenguaje a veces hace tan difícil.

Hay que tener claros los objetivos. Como maestra. ¿qué quiero conseguir? ¿Para qué? Y compartirlos con el grupo. Con los cursos de los más mayores estos objetivos se marcan al inicio de curso, se consensúan los criterios de evaluación y se van revisando periódicamente. En el apartado dedicado a la evaluación hay algunos ejemplos.

Por otra parte, hay algunos aspectos que merecen especial atención: las "pizarras", cómo hacer intervenir a aquellas personas que habitualmente son más reservadas, qué podemos observar como maestros en las sesiones de filosofía y cómo la recogida y el análisis de los diálogos pueden ayudar a mejorar nuestra práctica.

Las "pizarras"

He aquí una cuestión importante, a menudo son el punto de partida para el diálogo. Después de la lectura, el juego, la obra de arte, ¿de qué nos gustaría hablar? ¿Qué nos ha sorprendido? ¿Qué querría compartir con los demás?

Cada propuesta es anotada y acompañada del nombre del que la hace. Frecuentemente, la elección de una de ellas para empezar la conversación la hace precisamente alguien que no ha hecho ninguna, y ambas personas argumentan, la una por qué la ha elegido y la otra por qué la ha hecho.

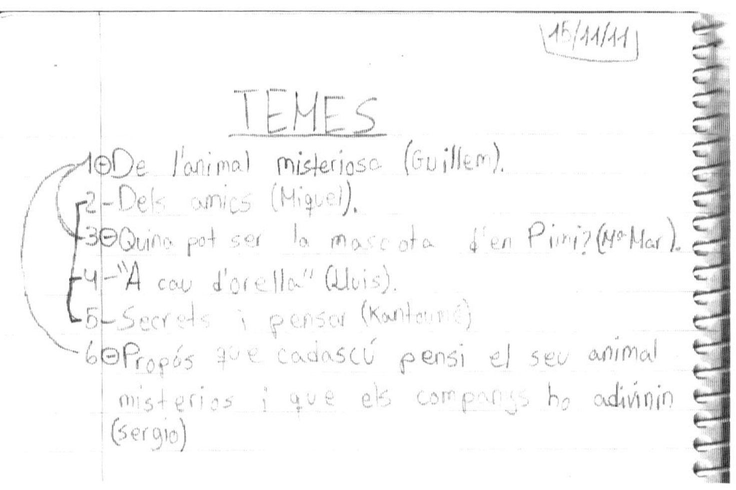

Pizarra: propuestas para el diálogo de un grupo de quinto de Primaria. Unimos aquellas que pueden estar relacionadas: la 1 con la 3 y la 6, la 2 con la 4 y la 5. (noviembre de 2011)

TEMAS

1. Del animal misterioso (Guillcm)
2. De los amigos (Miquel)
3. ¿Cuál puede ser la mascota de Pimi? (Mª Mar)
4. "Al oído" (Lluis)
5. Secretos y pensar (Kantoumé)
6. Propongo que cada uno piense su animal misterioso y que los compañeros lo adivinen (Sergio)

Con el listado de propuestas se pueden hacer diversas actividades, cada una de ellas dirigidas a trabajar determinadas habilidades de pensamiento. Por ejemplo, agrupar las que se parecen (como en la ilustración anterior) y ponerles un título. O bien que cada uno elija una, que no sea la suya, y piense a qué tema nos conduciría si hablásemos de ella.

Las actividades –en este sentido las guías son exhaustivas– han de ser coherentes con las necesidades y con la historia del grupo. Avanzar en la medida de las propias posibilidades, que cada individuo sepa qué está haciendo y por qué.

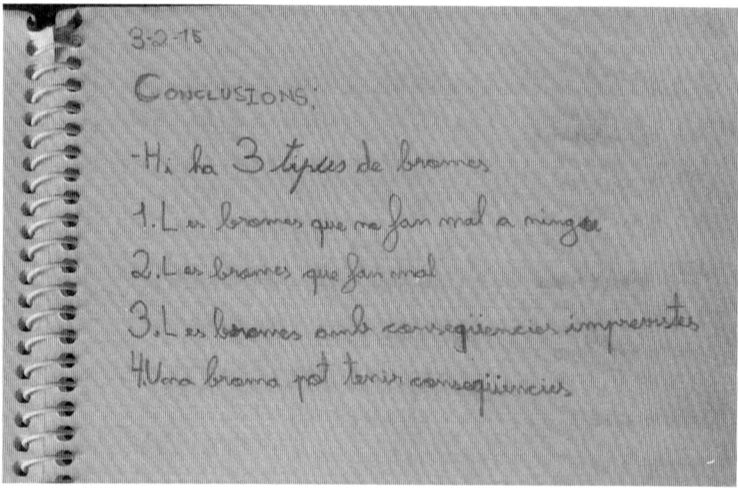

Extraído de la libreta de una alumna de quinto de Primaria.

CONCLUSIONES:

Hay tres tipos de bromas

1. Las bromas que no hacen daño a nadie.
2. Las bromas que hacen daño.
3. Las bromas con consecuencias imprevistas.
4. Una broma puede tener consecuencias.

La intervención de los alumnos

Otro caballo de batalla para los docentes es encontrar estrategias para que intervengan los que no lo hacen. Entre las más utilizadas y compartidas con diferentes colegas están:

- Pedirles directamente que intervengan.
- Hacerles salir a hacer cosas muy sencillas: por ejemplo, elegir personaje, si tratamos una narración o un cuento.
- Hacerles preguntas sobre las intervenciones de los demás:
  - De todos los personajes que han dicho, ¿cuáles conoces tú? ¿Cuál elegirías?...
  - ¿Piensas igual que él / ella?
  - ¿Estás de acuerdo?
- Reforzar sus intervenciones cuando se producen, por sencillas que sean:
  - A ver, vuelve a decirme eso porque es muy importante.
- Avisar para una próxima intervención sobre alguna cuestión fácil de responder: Hassan, prepárate...

A veces, un simple sí o no es suficiente. Y si se da el caso de recoger la conversación –o un fragmento– para después retornarla y releerla, la presencia de los nombres de todos, aunque sea con una pequeñísima intervención, evidencia la importancia de que todo el grupo esté presente.

Aparte de verbalizar la relevancia y la necesidad de las aportaciones de todos, en muchas ocasiones, traspaso al grupo esta cuestión. Compartir con los alumnos por qué unos intervienen mucho y otros menos nos ayuda a todos. Algunos explican las dificultades o las razones por las cuales participan poco y, desde el respeto, sin obligar a nadie, compartimos los caracteres, las formas de ser y buscamos vías de solución. He aquí las propuestas que hace un grupo:

- *Animarlos a hablar más.*
- *Ir con cuidado, para que no sienta que queda en ridículo.*
- *Que se anime y no tenga vergüenza.*
- *Ayudarle si tiene un problema cuando lee o a lo mejor no entiende alguna cosa.*
- *Darle confianza.*
- *Si tienen confianza, no estarán nerviosos.*
- *Ayudarles en todas las clases, no sólo en filosofía.*
- *El que esté a su lado que le anime a hablar.*
- *Que cuando piensen una cosa no se avergüencen de decirla.*
- *Que piensen que no nos reiremos de ellos.*
- *Que la profe diga a los que hablan tanto que se callen y se fije más en los que no hablan.*

Se trata de convencerlos de que es importante para todos conocer su opinión, que su participación nos enriquecerá a todos.

Qué podemos observar como maestros

Durante el curso 1.995-1.996, como ya he mencionado en el capítulo dedicado al Cartero Simpático, pertenecí al Equipo de Apoyo a la Inmersión. Entonces, juntamente con Xisca Mulet, elaboramos una serie de pautas de observación graduales, compartidas con las maestras tutoras. Sirven para acotar, centrar los objetivos, tomar conciencia de lo que sucede en el aula y ayudar a intervenir mejor. Los ítems de las pautas van cambiando a lo largo del curso, según las necesidades del grupo clase y los objetivos de las maestras.

PAUTA DE OBSERVACIÓN (I)	PAUTA DE OBSERVACIÓN (II)	PAUTA DE OBSERVACIÓN (III)
A. Sobre la dinámica de la sesión: 1. Cumplimiento o no de las normas mínimas para el buen desarrollo del diálogo. 2. Número de alumnos que interviene. 3. Quién interviene más y quién no lo hace nunca. 4. Quién tiene dificultades para expresarse. 5. Qué hace la maestra o el maestro para que intervengan los que no lo hacen.	A. Sobre la dinámica de la sesión: 1. Intervención de los alumnos seleccionados (por sus dificultades en participar, etc.) 2. Qué hace la maestra o el maestro para equilibrar las intervenciones de aquellos que siempre quieren hablar y los que no hablan casi nunca.	A. Sobre la dinámica de la sesión: 1. Intervención de los alumnos seleccionados en la última reunión. 2. Quién es capaz de escuchar aun teniendo la mano levantada para intervenir. 3. Cantidad de intervenciones por parte de la maestra o el maestro: intentar su disminución y aumentar la continuidad entre las participaciones de los alumnos.
B. Sobre las habilidades de pensamiento: 1. Quién rehace su razonamiento. 2. Quién reelabora su producción oral. 3. Quién razona a partir del pensamiento expresado por otro. 4. Qué preguntas surgen: a) de los niños y niñas. b) de los adultos.	B. Sobre las habilidades de pensamiento (elegir las que consideremos prioritarias según el grupo): 1. Argumentar, dar razones. 2. Relacionar a partir de semejanzas y diferencias. 3. Clasificar e identificar los criterios que se han utilizado. 4. Formular preguntas a los demás.	B. Sobre las habilidades de pensamiento (elegir las que consideremos prioritarias según el grupo): 1. Hacer hipótesis y verificarlas. 2. Poner ejemplos. 3. Definir sin ejemplos. 4. Identificar contradicciones.

Objetivos para las primeras sesiones (a título orientativo):

- Explicar a los niños nuestros objetivos: Filosofía, ¿sabemos qué es? No lo definiremos, pero sí explicaremos por qué lo haremos (para aprender a hablar con sentido, a dar razones bien fundamentadas, a dialogar para aprender los unos de los otros...) y crearemos el enigma y las ganas de aprender a pensar mejor.
- Posibilitar la intervención de al menos la mitad del grupo.
- Dedicar los diez últimos minutos a compartir con los alumnos el recorrido de la sesión: ¿Qué hemos hecho hoy? ¿Para qué nos servirá? ¿Qué hemos aprendido? ¿Quién nos ha ayudado?

El análisis de las conversaciones

Recoger los diálogos –en su totalidad o de algunos fragmentos– es de una utilidad extraordinaria y tiene diversos objetivos: sirven para el propio maestro, porque en la inmediatez a veces no captamos pequeñas cosas que suceden, o no tenemos los reflejos suficientemente rápidos para intervenir en una determinada dirección.

Son útiles también como documento a compartir con otros docentes, con el fin de analizarlos y mejorar las estrategias de intervención. Este intercambio es importante para ser más conscientes de lo que sucede en el aula y buscar mecanismos para futuras intervenciones.

Y son especialmente interesantes cuando se utilizan con los propios alumnos, como recordatorio de otras sesiones y, sobre todo, como herramienta para mejorar muchos aspectos, desde la propia intervención hasta la conciencia de las habilidades de pensamiento que se ponen en juego. De esta manera se dan cuenta de la funcionalidad del diálogo.

Por otra parte, a los niños les gusta ver por escrito no sólo su nombre, sino aquello que han dicho o pensado. No puedo evitar sonreír al recordar que, con motivo de un acto conmemorativo, fotocopiamos determinados fragmentos de conversaciones de filosofía que, ampliados, colocamos en un panel. Un exalumno lo leía atentamente y, al acabar, se giró y me dijo: *No sabía que de pequeño yo dijese cosas tan interesantes.*

Por parte de los docentes, he aquí algunos posibles aspectos a analizar:

1. **Intervenciones de los alumnos:**

- A nivel individual, ver el recorrido de un alumno en concreto.
- La intervención de los alumnos sobre lo que ha dicho otra persona:
  - para clarificar
  - para ratificar
  - para ampliar
  - para rebatir
  - para sintetizar

2. **Intervenciones del docente:**

- Cuándo y cómo intervenimos, qué preguntas hacemos, qué hacemos para que intervengan los que no lo hacen.

3. **Preguntas que surgen:**

- Quién las hace (docente o alumnos)
- Tipos de preguntas.
- Cómo se podrían reformular si se da el caso...

4. **Habilidades de pensamiento:**

- Cuáles surgen.
- Si se hace evidente cuáles nos proponíamos trabajar como maestros.

5. **Características del diálogo filosófico** *(según el listado propuesto por Ann Sharp, explicitado en el capítulo correspondiente).*

6. **Evolución del diálogo:**

- En qué momento se produce un salto cualitativo en el diálogo.
- Quién lo hace evolucionar...

Con respecto a lo que podemos hacer con los alumnos sobre las conversaciones recogidas, con los cursos más altos podemos analizar, a partir de un determinado fragmento, qué habilidades de pensamiento han surgido, qué temas o qué cosas se podrían haber tratado o cuáles han quedado pendientes. Una conversación propia podría ser un punto de partida para una nueva sesión de filosofía.

Pasando a otro aspecto, como maestra pienso que es imprescindible conocer y profundizar en todos los programas del proyecto, independientemente de que estemos trabajando en Primaria o en Infantil. Porque, si bien inicialmente –sobre todo para las que vamos por la vida con un punto de inconsciencia– las sesiones de filosofía pueden parecernos sencillas, después la cosa se complica: ¿Cómo promover en nuestros alumnos la necesidad de profundizar, de ir más allá? ¿Cómo compartir el entusiasmo por los descubrimientos? ¿Cómo aprender a captar una intervención que puede ser relevante?

En este sentido quiero decir que, aparte de los programas que conforman los primeros capítulos de este libro, el Proyecto Filosofía 3/18 comprende los programas de ***El descubrimiento de Harry*** -investigación filosófica- y ***Lisa*** -ética y convivencia- pensados para la Educación Secundaria. Conocer a fondo ambos programas es imprescindible para los docentes que en algún momento decidimos lanzarnos al mundo de la filosofía para niños, porque representan el horizonte.

Conocer el proyecto en profundidad nos da la perspectiva de aquello que estamos haciendo, nos ayuda a entender el objetivo final, hacia dónde nos dirigimos, qué se encontrarán más adelante nuestros alumnos, a rescatar determinadas intervenciones y darles un sentido más amplio, más profundo.

También existen otros recursos que complementan y facilitan la tarea, propuestas, entre otras, relacionadas con la música, el arte y el cine que se pueden consultar en la web del GrupIREF.

No, no es fácil nuestro trabajo, pero quiero confesaros que, pese a algunos momentos de desánimo, siempre me he considerado privilegiada por poder ser maestra. A lo largo de los años he llegado a pensar que hay una serie de cosas que tenemos que aprender de manera continuada a lo largo de la vida, porque todas ellas constituyen aprendizajes inacabados, sobre todo si, además de ser maestra, te arriesgas a adentrarte en el mundo de la filosofía.

En primer lugar, creo imprescindible *aprender a escuchar*, cada vez mejor, para conocer a los niños y sus circunstancias.

También a *mirar y a ser un buen espejo*, para ayudarlos a conocerse mejor. El espacio de filosofía es ideal para que cada cual pueda ser.

A *interrogarse y a plantear buenas preguntas* para adquirir un espíritu crítico, con fundamentos, con argumentos y también para interesarse por todas las ramas del conocimiento.

A *facilitar la reflexión y enseñar a sacar conclusiones,* aunque no siempre es necesario y a menudo es más provechoso cultivar la duda...

A *proporcionar visión de futuro y que nada nos sea indiferente.*

A *leer y escribir mejor, a contar cuentos, a narrar historias...*

A *dar sentido a lo que se hace en la escuela,* no hacer las cosas porque sí, porque siempre se han hecho así.

A *caminar juntos,* a crear el sentimiento de grupo, de comunidad de investigación, a *hacer las cosas CON los niños, no PARA los niños.*

A *cultivar la sorpresa y el sentido del humor,* porque es la manera de cultivar la inteligencia y hacer crecer el pensamiento metafórico.

Personalmente, me ayuda mucho ir al cine, a exposiciones, leer mucho, hablar con otros de cosas interesantes, leer entrevistas de gente sabia... y relacionarlo con la vida de la escuela.

Ahora bien, también es cierto que para todo eso es necesario, sobre todo, tener mucha energía, porque el camino está sembrado de dudas y no es en absoluto llano.

No puedo acabar este capítulo sin compartir un texto de Iñaki Andrés, a quien admiro profundamente y que tiene la virtud de poner las palabras adecuadas a muchas de las cosas que pienso y siento. En su artículo "Pimi, uns quants anys després" –Pimi, unos cuantos años después–, de 1.996, describe aquello que tantas veces he compartido con otros maestros y que, pese a los años transcurridos, pienso que continúa vigente. Al menos para mí, esta sensación me ha acompañado a lo largo de los años. Dice:

> "Después de unos cuantos años haciendo Pimi, aún son muchos los días que me pregunto si lo hago bien, si sé conducir el grupo, si saco ya no todo, sino suficiente jugo de las intervenciones de los niños y niñas de la cla-

> se... Muchos días incluso me siento fracasado, con una sensación firme de no haber encontrado, aún, la piedra filosofal que me permita convertir en oro la plata, el hierro, el plomo o el carbón que se produce en cada sesión. Por fortuna, eso no me ocurre siempre... Pausa. Vuelvo a releer la última frase y me pregunto si más bien la fortuna no será que aún me pase..."

Yo no podría explicarlo mejor.

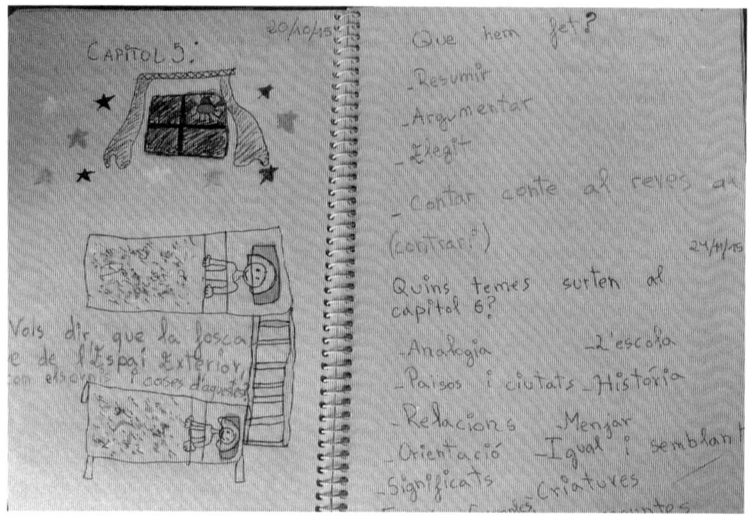

Ejemplos de anotaciones en libretas de sexto de Primaria.

¿Qué hemos hecho?

- Resumir
- Argumentar
- Elegir
- Contar el cuento al revés (contrario)

24-11-15

¿Quieres decir que la oscuridad viene del Espacio Exterior y ... los ovnis y cosas de estas?

¿Qué temas salen en el capítulo 6?

- Analogía
- Países y ciudades
- Relaciones
- Orientación
- Significados
- Formas
- La escuela
- Historia
- Comer
- Igual y parecido
- Criaturas
- Ejemplos
- Las preguntas.

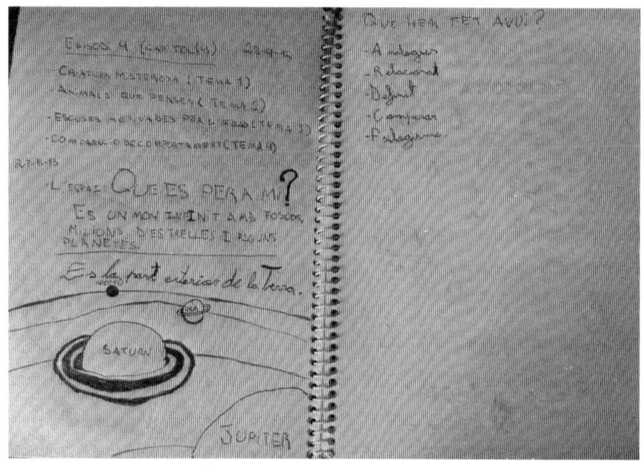

28-4-15

Episodio 4 (capítulo 4)

- CRIATURA MISTERIOSA (Tema 1)
- ANIMALES QUE PIENSAN (Tema 2)
- EXCUSAS MOTIVADAS POR LA EDAD (Tema 3)
- COMPARACIÓN DE COMPORTAMIENTO (Tema 4)

27-5-15

- El espacio ¿QUÉ ES PARA MI?

ES UN MUNDO INFINITO CON OSCURIDAD, MILLONES DE ESTRELLAS Y ALGUNOS PLANETAS. Es la parte exterior de la tierra.

¿QUÉ HEMOS HECHO HOY?

- Analogías
- Relacionar
- Definir
- Comparar
- Silogismo

LA FLOR DE PIEDRA: LA VOZ DE LOS ALUMNOS

⇨ Visitábamos la región de Misiones, en Argentina, cuando en un pueblito en el que nos paramos vinieron hacia nosotros unos niños que nos ofrecieron "flores de piedra". Nunca habíamos visto nada igual. Nos explicaron que era muy importante tener una, que curaban enfermedades, y nos dieron a entender que tenían propiedades mágicas. En consecuencia, no podíamos partir sin llevarnos una.

Durante años no supe que tenía. A pesar de preguntar a los amigos y consultar diversas fuentes, no averigüé qué era aquella "flor" desconocida. Ni siquiera sabía si era una flor.

Fue no hace mucho tiempo cuando volví a pensar en ella y la encontré en internet. Se llama *Lophophytum leandri* Eichler, pertenece a la familia de las Balanophoraceae y forma parte de la flora de las provincias de Corrientes y Misiones. Es una planta que se desarrolla sobre las raíces del Anchico rojo. Parece ser que es considerada una planta medicinal con un montón de propiedades beneficiosas para los riñones y el hígado. También he leído que está en peligro de extinción.

El aspecto mineral y las escamas brillantes le dan un aire acorazado, de extraña fortaleza atávica.

Para mí es símbolo de misterio y singularidad al mismo tiempo, de aquello poco común e insospechado que alguna vez nos llega en la vida, dotándola de un elemento mágico.

Este apartado quiere recoger algunas "flores de piedra" que, de no ser por la filosofía, nunca hubieran crecido. Todo maestro de filosofía es consciente de que, en determinados momentos, florecen diálogos inesperados que generan saltos substanciales hacia niveles más complejos del pensamiento.

Una de estas flores preferidas es la que nos proporcionó Celia, alumna de sexto. Un día al llegar a clase nos contó que la tarde anterior estaba en un bar de la barriada acompañando a su hermana. Las dos conversaban -y discutían- sobre algo cuando ésta dijo: *¡Vale, lo intentaré!* Celia le contestó que "intentar" no servía de nada, que en la sesión de filosofía aquella semana había salido el tema de las intenciones y que lo que se precisaba era hacer, no intentar: *Las cosas se tienen que hacer, porque mientras lo intentas no lo haces.*

Un hombre que estaba cerca de ellas intervino diciendo que Celia tenía razón y que intentar era semejante a *querer llegar a,* pero que había una diferencia importante. *Nosotros somos, pero llegar a ser es más difícil.* Continuaron hablando y él les explicó que todo ello tenía relación con la expresión shakesperariana de "ser o no ser, ésta es la cuestión".

Se llamaba Suami, les contó que era filósofo y psicólogo y que en su país trabajaba como profesor.

Siempre me ha acompañado la imagen de las dos hermanas y el desconocido hablando de un tema quizá no muy habitual en un bar de la barriada de Son Gotleu.

Entre las "flores de piedra" encontradas a lo largo de los años, hay ciertos diálogos, como el que, en su día, con un grupo de quinto curso titulamos **"¿Filosofía o ciencia?"**

- Los filósofos siempre van a lo difícil.
- Sacan conclusiones, pero al final, si hacen una pregunta, a veces no tiene respuesta.
- Los científicos consiguen contestar sus preguntas.
- Bueno, todos no, pero la mayoría, sí.

- Pero lo que pasa es que las preguntas que han conseguido contestar los filósofos sirven más que las que contestan los científicos.
- Los científicos más tarde lo contestan de otra manera.
- Los filósofos siempre contestan las cosas antes que la ciencia.
- Pero sus deducciones no siempre tienen razón, quiero decir base científica.
- Necesitamos la filosofía para poder hacer lenguaje porque, si no, no podríamos pensar, relacionarnos.
- Yo creo que la ciencia también necesita de la filosofía.

Gabriela, madre de Aina, nos ofreció una de las flores de piedra imposibles de olvidar. Caminaban las dos tranquilamente camino de casa cuando tuvieron esta conversación:

- Mamá, no me gusta que me envíes a hacer catequesis, porque la maestra nos ha dicho que el mundo lo hizo Dios... ¡Y en siete días! Eso no puede ser porque nosotros lo hemos estudiado y fue de otra manera.
- Bueno, Aina, eso que os cuenta es una teoría.
- Pero ¿qué es una teoría? ¿Ella lo sabe seguro o es una hipótesis?

Aún ahora nos emociona y nos hace sonreír su capacidad, con tan sólo cinco años, de cuestionar la información que le llega y de hacer preguntas tan interesantes.

La siguiente flor de piedra lleva el nombre de Paqui, una alumna de un grupo de sexto con el que trabajamos mucho la cuestión de las preguntas. En un momento dado surgió la vertiente de **"Hacerse preguntas a uno mismo"**. Acordamos que cada uno –incluida la maestra, evidentemente– escribiese en casa unas líneas sobre el tema. Esto es lo que escribió ella:

Yo pienso que hay preguntas que tienen respuesta y otras que no. Cuando me hago preguntas a mí misma me puedo liar mucho.

Una de mis preguntas de hace poco es: ¿Alguna vez no pensamos? En aquel momento me paré de pensar, pero en realidad no me había parado de pensar, porque estaba pensando en si no estaba pensando.

Cada persona puede pensar en mil preguntas y tener mil maneras de responder a cada pregunta. Yo pienso que cuando eres pequeño puedes tener mil preguntas, pero piensas que algún día sabrás la respuesta.

Cuando te vas haciendo más mayor piensas en aquellas preguntas y algunas llegas a contestarlas.

Cuando ya eres un adulto, pienso que, por más que pienses en aquellas preguntas, no las responderás nunca. Porque hay preguntas que tienen respuesta y otras que no.

Una pregunta puede contener mil temas porque, cuando intentas contestarla, de un tema pasas a otro, y de otro a otro y así puedes llegar a no contestarla. Quizá contestes una parte, pero no encontrarás la respuesta concreta.

Para mí, una pregunta puede tener muchos caminos. Cada persona puede elegir uno, por eso una pregunta nunca estará cerrada para siempre.

Creo que una pregunta es como un collar: vas poniendo cada perla hasta que quieres parar, y una vez puestas todas las que quieres te lo puedes poner y cerrar, pero no está cerrado para siempre, sino hasta que quieras cambiar algunas perlas o continuar añadiéndole otras. Puedes seguir mezclando y añadiendo ideas o puedes dejar de pensar en aquella pregunta y pensar en otra.

Ahora mismo me estoy preguntando: ¿Cómo puedo estar explicando este tema si ni yo misma me entiendo, ni mis preguntas ni por qué me hago preguntas?

Cuando acabó de leer, Paqui nos propuso contestar su última pregunta. El diálogo fue uno de los más enriquecedores que recuerdo. Al final le preguntamos: *Volviendo a la pregunta que nos hacías, ¿qué respuesta le has dado tu?* Y ella respondió:

– Que este tema para mí no se ha acabado y puedo continuar dándole vueltas. Aunque puedo seguir explicando lo que me pasa a mí, pero no a los demás.

Creo que Pimi estaría orgullosa de conocer a Paqui.

Mientras escribía el apartado dedicado a la comunidad de investigación, me vino a la memoria otra “flor de piedra”. Tengo el orgullo de poder contar que, en una ocasión, en pleno diálogo, me vinieron a buscar al aula (por aquel entonces yo ejercía de directora del centro). Ante la urgencia, pedí al grupo de sexto que me esperasen sin hacer demasiado jaleo, que trataría de volver lo más rápido posible. La cosa se alargó más de lo previsto y, cuando volví, mis ojos se abrieron sorprendidos: *Siéntate,* me dijo uno de los que hacía de observador aquel día y que se había otorgado el papel de moderador, *hemos continuado sin ti, ahora te lo contamos y te hacemos un resumen.* Sucedió hace tiempo, pero la satisfacción aún me dura. A partir de entonces, mi papel se redujo. Nombramos un moderador o moderadora en cada sesión y el grupo fue capaz de gestionar los diálogos y avanzar en la búsqueda por sí mismo.

Cuando pasaron al instituto, un grupo de estos alumnos pidieron a su tutora que les permitiese, al menos cada quince días, y en tiempo de tutoría, seguir haciendo sesiones de filosofía. La tutora les dijo que ella no sabía, que nunca había hecho, y ellos contestaron: *¡Pero nosotros sí!* Aquella profesora, comprensiva y extraordinaria, me telefoneó y asistí con ella a la primera sesión. Continuaron durante todo el curso, los alumnos elegían los temas a debatir y aunque algunos de ellos no habían compartido nuestra escuela, todo el mundo hablaba de la experiencia de manera entusiasta. Creo que vivieron el orgullo de aprender a dialogar por sí solos.

Uno de los alumnos de este grupo, Gerard, nos escribió con motivo del veinte aniversario de la escuela: *Agradezco las clases de filosofía, donde dialogando juntos aprendíamos a escuchar, a exponer y a razonar. Añoro las conversaciones que surgían a partir de un comentario inocente de alguno de nosotros y se volvían intensas y polémicas.*

Pero si hay un conjunto de flores de piedra que me emociona son las halladas con motivo de una de las preguntas que hacemos en un momento u otro de la vida escolar: **¿Para qué sirva la filosofía en la escuela?** Como son muchos los hallazgos, he seleccionado unos pocos, por relevantes o peculiares.

> *La filosofía te ayuda a pensar diferente y a saber que por otro camino se llega al mismo sitio. También que los niños pueden encontrar caminos que no pensaban que encontrarían.* (Pablo, sexto)
>
> *La filosofía es importante porque me ayudará en la vida y a estudiar, como la literatura o las ciencias. Todo es importante para la vida, como la gravedad aguanta al mundo, la filosofía aguanta la vida.* (Álex, quinto)
>
> *Puedes pensar sin hacer filosofía, pero haciendo aprendes más cosas, aprendes a enfocar el pensamiento, a fijarte más. Es una forma de mirar el pensamiento.* (Sandra, cuarto)
>
> *Filosofía es una clase donde aprendemos a razonar y a tener paciencia, a leer mejor y a descifrar misterios.* (Núria, cuarto.)

Aprendes a argumentar las cosas que dices. Cuando leemos también aprendemos a buscar temas. Cuando leemos buscamos sólo lo superficial, en filosofía leemos para profundizar más, miramos y pensamos sobre lo que hay detrás de las palabras, profundizamos en el significado de lo que dicen por ejemplo Kio y Gus. (Arnau, cuarto)

La filosofía sirve para plantearte cuestiones que normalmente pasamos por alto y no nos planteamos en la vida cotidiana. También ayuda a respetar y valorar a los demás. Yo encuentro que es más que una asignatura. (Nihad, quinto)

Para acabar, he aquí un fragmento de una conversación mantenida con un grupo de sexto a raíz de la pregunta **¿Qué es filosofía?**

- Filosofía es pensar filosóficamente
Maestra: ¿Y eso qué significa?
- Pensamos filosóficamente cuando nos planteamos una pregunta que no se nos había acudido antes de hablar y que sacamos de un tema. La hablamos, la comentamos y decimos qué pensamos.
-Yo creo que es pensar muy bien las cosas, como los científicos y los filósofos, y también es pensar en las diferencias de cómo piensa cada uno y por qué cada uno piensa lo que piensa.
- Mi hermana dice que nosotros no hacemos filosofía. Ella, en el instituto, estudia filosofía y hablan de los filósofos, de... bueno, de unos nombres que ahora no me acuerdo.
- Porque ellos hablan de los filósofos que ya han pasado, de la historia, ellos hablan de quien hizo la filosofía, nosotros la usamos.
Maestra: ¿Puedes explicarlo un poco más?
- Por ejemplo, a lo mejor ellos dijeron "esto es una analogía y esto otro una metáfora", pero la gente hablando lo hace, aunque no sabe el nombre.

- ¿Y nosotros qué hacemos? Pues razonamos y pensamos y aprendemos a distinguirlo.
Maestra: ¿Y eso es filosofía? ¿Y lo que hace su hermana?
- Yo creo que su hermana estudia la vida de los filósofos y nosotros aprendemos a razonar mejor y a pensar cosas que a lo mejor ellos dijeron.
- A mí me gustaría saber de qué hablaban los filósofos.
Maestra: Entonces ¿cómo podríamos definir la filosofía tal y como la trabajamos nosotros?

Se sucedieron definiciones muy interesantes, pero me quedaré con la última, la de Tamara:

- La filosofía para mí es tranquilidad y reflexión. Algo profundo y especial. Te hace cambiar algunas cosas que piensas y tener una actitud buena para los demás compañeros. Ayuda a examinar lo que lees y a hacer preguntas. Sí, la filosofía es no parar de hacerte preguntas.

Estoy segura de que todas las personas que en un momento dado nos hemos lanzado a la aventura de la filosofía con los niños y las niñas, tenemos una buena colección de "flores de piedra" que dan sentido a nuestro trabajo y nos calientan el alma.

EPÍLOGO

En cierta ocasión yo le explicaba a Eulàlia Bosch que me costaba mucho escribir. Entonces ella me dijo: *Pues haz un esfuerzo, escribe y el mundo mejorará.* Pensé que tenía razón, quizá no podemos cambiar el mundo a nivel mundial, pero todos podemos mejorar un poco nuestro entorno cercano.

Desde entonces, me he esforzado por escribir y por contagiar las ganas de hacerlo a alumnos y maestros que en algún momento han compartido mi vida. Les he transmitido las palabras de Eulàlia y he añadido: Escribid, escribid mucho, escribid para vosotros, para contaros aquello que vivís, lo que os ocurre, porque al escribir os entenderéis mejor, comprenderéis mejor el mundo y mejoraréis como personas. Pero escribid también para los demás, porque como dijo en una ocasión Pere Puig i Adam: *Mirad de ser un poco aprendices de todo, para vuestro bien, y, al menos, maestros en alguna cosa para el bien de los otros.*

Todo lo que pensáis es muy importante, y debéis decirlo, debéis escribirlo. El pensamiento y la palabra se abrazan el uno al otro y ninguno de los dos puede crecer solo.

Este relato nace de la petición de Irene de Puig –hace muchos años– de narrar el proceso de la filosofía en nuestro centro. Espero que no me tenga en cuenta el retraso.

A medida que he repasado el material y las cosas que poco a poco he ido redescubriendo, me he dado cuenta de cómo las sesiones de filosofía me remiten siempre a recuerdos de mi infancia o a situaciones vividas en diversos momentos de mi vida profesional. Para mí, ha sido un juego personal engarzar esta narración.

No quiere ser un documento riguroso, de la teoría y los conceptos que nutren el proyecto no sabría hablaros; para ello, para profundizar en todos los ámbitos, existe una bibliografía inacabable.

Quiere ser, eso sí, la voz de los alumnos. Es una recopilación de textos escritos con diferentes motivos, algunos de ellos publicados de forma más completa, una colección de recuerdos, de momentos especiales, de fragmentos de conversaciones, a veces ya compartidas, que son espejos de los niños y las niñas.

Por otra parte, también quiero dejar constancia de qué ha aportado el CEIP ES PONT al Proyecto de Filosofía. Aunque algunos son aspectos vividos también en otras escuelas, me gusta recogerlos. En diferentes momentos hemos incorporado:

- Los alumnos observadores.
- Los cuadernos individuales y los libros de actas colectivos.
- La participación de las familias y exalumnos, en el aula y en sesiones extraescolares, a través de la AMIPA (Asociación de Madres y Padres de la escuela).
- La relación entre la Filosofía y la Educación Artística, trabajada en diversos proyectos e implementada de forma regular a partir del curso 2020-2021.

La filosofía forma parte importante de la historia de mi escuela y este relato quiere ser también un recuerdo, un testimonio para los maestros y maestras que han pasado y para los que están actualmente, pero también para los que en un futuro formarán parte de ella.

Han sido difíciles los tiempos de pandemia, en que fue gestado este libro, y admiro a las maestras que han estado en la escuela, preservando su esencia. Uno de los ejes es la filosofía porque, como he dicho muchas veces, ahora mismo no podría pensar mi escuela, ni a mí misma, sin Filosofía 3/18.

Y me consta que muchos de nuestros alumnos comparten este sentimiento. En numerosas ocasiones, nos han hecho saber que valoran y recuerdan, sobre todo, las propias sesiones de filosofía, el laboratorio, el gimnasio de la mente, como las llamamos.

En diferentes apartados, hemos citado muchas opiniones, pero acabo con una que recuerdo especialmente, la de José Miguel Morote: *Creo que si no existiese la filosofía los humanos seríamos muy bestias.*

Una sesión de filosofía es dar paso al misterio y a la sorpresa, porque nunca sabes qué surgirá en ella. La filosofía permite lo que no permiten otras áreas. Por muchas razones: permite hablar sobre procesos mentales, sobre sentimientos y relaciones. Pero la principal es que permite hablar sobre uno mismo y la propia interpretación del mundo.

- ¿Cómo se saben las cosas?
- ¡Ah! ¿No es ese el tercer misterio?
Pimi

BIBLIOGRAFIA CITADA

BOSCH, E. (2021). *¿Quién educa a quién? Educación y vida cotidiana*. Barcelona: Laertes.

CRESPÍ, M. A.; SEGUÍ, L.; CASTELL, T.; POMAR, M. I. (2019). «CEIP Es Pont: Per què feim una hora setmanal de filosofia? Projectes de treball i Filosofia 3/18». Publicacions del Departament de Pedagogia Aplicada i Psicologia de l'Educació de la UIB (gener 2019). *Dossiers d'Actualitat: Bones pràctiques en entorns pedagògics,* 1. https://bones-practiques-pedagogiques.uib.es/

DE PUIG, I. (2012). *Fer filosofia a l'escola*. Vic: Eumo.

DE PUIG, I. (2018). *Aprender a pensar. La práctica de la filosofía en la escuela*. Buenos Aires. Novedades Educativas.

GÓMEZ, M. (2016). *El lugar del pensamiento en la educación*. Barcelona: Octaedro.

LIPMAN, M. (1995). *La filosofía en el aula*. Madrid: Ediciones de la Torre.

LIPMAN, M. (1989). *Pensamiento complejo y educación*. Madrid: Ediciones de la Torre.

LIPMAN, M. (1989). *El descubrimiento de Harry*. Ediciones de la Torre.

LIPMAN, M. (1989). *Investigación filosófica,* Manual del profesor para acompañar a *El descubrimiento de Harry Stottlemeier*.

LIPMAN, M. (1990). *La descoberta de l'Aristòtil Mas*. Vic: Eumo

LIPMAN, M.; SHARP, A. M.; OSCANYAN, F. (1990). *Recerca filosòfica. Manual per acompanyar La descoberta de l'Aristòtil Mas.*

LIPMAN, M. (1988). *Lisa.* Madrid: Ediciones de la Torre.

LIPMAN, M. Y OTROS.(1988). Investigación Ética. Manual del profesor para acompañar a *Lisa.*

LIPMAN, M. (2004). *Elisa.* Vic: Eumo. (*Elisa* es una adaptación abreviada de la versión original inglesa *Lisa,* 1983)

LIPMAN, M.; SHARP, A. M. (1992). *Ètica i convivència.* Vic: Eumo

MASSANA, M. (curs 2015-2016). «Anàlisi de les intervencions docents per afavorir el desenvolupament de les habilitats de pensament, en el marc del programa Filosofia 3/18». Universitat de les Illes Balears [Treball de fi de grau].

POMAR, M. I. (2014). *Què queda del que es va viure a l'escola? Informe de Recerca Investigació,* 11. Institut de Recerca i Innovació Educativa de la Universitat de les Illes Balears. http://irie.uib.cat/files/reports/informe-11.pdf

SÁTIRO, A. (2016). *Filosofía mínima.* Barcelona: Octaedro.

SÁTIRO, A. (2023). *Pedagogía atrevida. La necesidad de una educación creativa en un mundo cambiante.* Madrid: Ed. Santillana.

SBERT, M. (2008). «Saber mirar, saber creuar ponts». *Guix,* 353, 33-40.

SHARP, A.M. y SPLITTER, L.J. (1996) *La otra educación. Filosofía para niños y la comunidad de indagación.* Buenos Aires: Ed. Manantial.

Butlletí Filosofia 3/18, GruIREF, 113 (febrer 2018). «Filosofia 3/18 i treball per projectes».

BIBLIOGRAFIA CITADA POR CAPÍTULOS

De la mano de Pimi

LIPMAN, M. (1989). *Pixie*. Madrid: Ediciones de la Torre.

LIPMAN, M. y otros.(1989). *En busca del sentido*. Madrid: Ediciones de la Torre.

LIPMAN, M. (1990). *Pimi*. Vic: Eumo. Barcelona: Grup IREF.

LIPMAN, M., SHARP, A. M. (1990). *Buscant el sentit*. Vic: Eumo. Barcelona: GrupIREF.

Más allà del arte

BOSCH, E. (1998). *El placer de mirar: el museo del visitante*. Barcelona: Actar.

LLADÓ, F. (1994). «L'exposició Criatures misterioses a Mallorca». *Butlletí Filosofia 6/18*, 18-19, 14-15.

SBERT, M. (1993). «De la mà de Pimi». *Butlletí Filosofia 3/18*, GruIREF 13, 8-9.

SBERT, M. (1993). «Segona visita a la Fundació March». *Butlletí Filosofia 3/18*, GruIREF, 14-15, 8-9.

SBERT, C.; SBERT, M. (2003). «Mirar, parlar, crear: educació artística i filosofia». *Escola catalana*, 400, 29-33.

SBERT, C.; SBERT M. (2017). *La mirada de la libélula*. Binissalem: Disset Edició.

FUNDACIÓ LA CAIXA (1992). *Catàleg de l'exposició Criatures misterioses.* Fundació La Caixa, INEM, Generalitat de Catalunya, MEC, Comissió de les Comunitats Europees i Ajuntament de Barcelona.

Butlletí Filosofia 6/18, GruIREF, 8 (octubre 1991). Dedicado a la exposición *Criaturas misteriosas.*

Oriente-Occidente: Kio y Gus

CAMHY, D. G.; UNTERMOSER, M.; FIGUEROA-REGO, M. J.; GÓMEZ, M.; NIEHOFF, M.; DE PUIG, I. (2001). *Ecodiálogo. Educación medioambiental a través del diálogo filosòfico.* Barcelona: GrupIREF.

LIPMAN, M. (1992). *Kio y Gus.* Madrid: Ediciones de la Torre.

LIPMAN, M. (1992). *Asombrándose ante el mundo.* Manual del profesor para acompañar a Kio y Gus. Madrid: Ediciones de la Torre.

LIPMAN, M. (1994). *Kio i Gus.* Vic: Eumo. Barcelona: GrupIREF.

LIPMAN, M.; SHARP, A. M. (1996). *Admirant el món.* Vic: Eumo.

PIÑERO MORAL, R. (1998). «La luz de la sombra: ensayo de percepción estética». *Butlletí Filosofía 6/18,* GrupIREF, 35-36, 16-18.

SBERT, M. (1996). «Blau com el soroll de la mar». *Butlletí Filosofia 6/18,* GruIREF, 25, 6-7.

SBERT, M. (2010). «De Kio i Gus a Escher... l'infinit». *Butlletí Filosofia 3/18,* GruIREF, 83, 7-10.

CAPRA, F. (1984). *El tao de la física.* Madrid: Cárcamo.

Llega un cartero

AHLBERG, A.; AHLBERG, J. (1994). *El Cartero Simpático o unas cartas especiales.* Madrid: Destino.

DE PUIG, I. (1996). *Cuentos para pensar.* Madrid: Destino.

FONT, A.; SBERT, M. (1998). «Art i conversa». A: *Els Programes d'Immersió: una perspectiva europea.* Arnau, J.; Artigal, J. M. (editors). Barcelona: Universitat de Barcelona.

MULET, F.; SBERT, M. (1997). «Pensar i parlar: filosofia a l'aula d'Immersió». *Escola catalana,* 343, 25-28.

MULET, F.; SBERT, M. (1998). «Filosofia i immersió». A: *Els Programes d'Immersió: una perspectiva europea.* Arnau, J.; Artigal, J. M. (editors). Barcelona: Universitat de Barcelona.

Arte, cuentos y juegos para los más pequeños

COOPER, J. C. (1986). *Cuentos de hadas. Alegorías de los mundos internos.* Málaga: Sirio S.A.

DE PUIG,I. y SÁTIRO, A. (2000). *Jugar a pensar con cuentos.* Barcelona: Eumo-Octaedro.

DE PUIG,I. y SÁTIRO, A. (2000). *Jugar a pensar. Recursos para aprender a pensar en Educación Infantil.* Barcelona: Eumo-Octaedro.

GRUPIREF-COMISSIÓ EUROPEA (1999). *Conta'm. Narració oral i educació reflexiva.*

GRUPIREF-COMISSIÓ EUROPEA (2000). *Conte contat... Narrativa i comprensió.*

XXIII Conferència Fer i Pensar: «El joc a Filosofia 3/18». *Butlletí Filosofia 3/18*, GrupIREF, 128 (octubre 2021). https://www.youtube.com/watch?v=o8Cm9rMypXk

Descubriendo los sentidos: Pébili

DE PUIG, I.; GÓMEZ, M. (2003). *Pèbili*. Barcelona: Octaedro.

DE PUIG, I. (2003). *Persensar. Percebir, sentir y pensar.* Barcelona: Octaedro.

Una nueva forma de conversar: el diálogo filosófico

D.A. (1991). «El diàleg filosòfic». *Butlletí Filosofia 6/18*, GrupIREF, 7, 5-8.

ANDRÉS, I. (1999). «Del diàleg col·lectiu al pensament individual». *Butlletí Filosofia 3/18*, GrupIREF, 38, 5-9.

DE CASTRO, F. (2002). «Discutim o dialoguem?». *Butlletí Filosofia 3/18*,GrupIREF, 51-52, 2-4.

DE PUIG, I. (2002). «Els valors del diàleg». *Butlletí Filosofia 3/18*, GrupIREF, 51-52, 5-9.

VYGOTSKY, L.S. (1985). *Pensamiento y lenguaje*. Buenos Aires: La Pléyade.

Sobre las habilidades de pensamiento

Butlletí Filosofia 3/18, GrupIREF, 72-73 (febrer-març 2008). «Investigant les habilitats de pensament».

Algo más que un grupo: una comunidad de investigación.

GIMÉNEZ, C. (1990). «Lògica i comunitat de recerca». *Butlletí Filosofia 6/18*, GrupIREF, 2, 9-10.

GÓMEZ, M. (2002). «Recerca filosòfica». *Butlletí Filosofia 3/18*, GrupIREF, 51-52, 13-16.

DE PUIG, I. (1995). «La comunitat de recerca». *Butlletí Filosofia 6/18*,GrupIREF, 21, 5-8.

Para ampliar información sobre la comunidad de investigación, ver:

Ann M. Sharp, *Philos, Revista brasileira de Filosofia*, 1 (1993). Es un monográfico sobre este concepto y contiene once artículos sobre el tema. Se puede consultar en el GrupIREF.

Butlletí Filosofia 3/18, GrupIREF, 121-122 (juny del 2020). Dedicado a Ann Sharp.

Filosofia es preguntar y preguntarse

DE PUIG, I. (2007). «L'art de fer preguntes». *Butlletí Filosofia 3/18*, GrupIREF, 68 (dossier monogràfic).

POMAR, M. I. (2001). *El diálogo y la construcción compartida del saber*. Barcelona: Octaedro.

POMAR, M. I.; DE PUIG, I.; SBERT, M. (1999). «Per què és interessant fer preguntes?». *Butlletí Filosofia 3/18*, GrupIREF, 39-40, 4-7.

SBERT, M. (1995). «Sobre el aprender a hacer preguntas». *Textos*, 5, 123-129.

Butlletí Filosofia 3/18, GrupIREF, 109 (desembre del 2016). Sobre preguntas y preguntar, según M. Lipman.

Evaluar puede ser algo cotidiano... y diferente: la evaluación figuroanalógica.

SÁTIRO, A.; DE CASTRO, F.; ANDRÉS, I.; DE PUIG, I.; MOYA, J. L. (2005). *Reevaluar: La evaluación reflexiva en la escuela*. Barcelona: Octaedro.

SÁTIRO, A. (2004). «Avaluació figuroanalògica: una proposta lúdica i reflexiva». *Guix*, 110 (suplement *Guix* 310).

TERRICABRAS, J. M. (1995). «Què vol dir progressar en filosofia». *Butlletí Filosofia 6/18*, GrupIREF, 22, 6–11.

Boletines dedicados a la evaluación:

Butlletí Filosofia 6/18, GrupIREF, 27–28 (noviembre-dicembre del 1996).

Butlletí Filosofia 6/18, GrupIREF, 55–56 (octubre-noviembre del 2003).

Hacer de maestra: una profesión privilegiada

Butlletí Filosofia 6/18, GrupIREF, 93 (desembre del 2012). «Paper de mestres i profes a Filosofia 3/18».

https://www.grupiref.org

Contacto con la Associació Filosofia 3/18 Mallorca:
filosofia318mallorca@gmail.com

AGRADECIMIENTOS

Por orden de aparición en mi relación con la filosofía, en primer lugar, mi agradecimiento a los miembros de aquel Seminario en el Centro del Profesorado (CEP) de Palma, que tan bien me acogieron y tanto me han enseñado a lo largo de los años: Miquel Jaume Campaner y Eusebi Riera (siempre os sentiremos a nuestro lado), Margalida Mas, Pep Traverso, Pere Bru Morey, Xisco Lladó, Joan Carles Alzamora (nunca habrá un Cartero Simpático como tu), y también a Carme Ripoll, que me enredó y me animó a asistir (nunca me acostumbraré a tu ausencia).

A Irene de Puig y Eulàlia Bosch, que llegaban de Barcelona con una ilusión tan grande como su sabiduría.

A Manuela Gómez y Félix de Castro, que nos mostraban posibilidades inagotables y nos contagiaban su entusiasmo. Nunca olvidaré aquella sesión entrañable de marionetas.

A Angélica Sátiro, que nos enseñó un mundo nuevo con la evaluación figuroanalógica, y continúa despertando posibilidades creativas. Cada encuentro es una sorpresa.

A Anna Baiges, Iñaki Andrés y Patrici Batalla, por los encuentros en tierras catalanas y a Gloria Arbonés, por tomar el relevo y estar siempre dispuesta a escuchar, a colaborar.

A todas aquellas personas con quien he compartido, a lo largo de los años, tantas sesiones de los diferentes Seminarios de Filosofía que han tenido lugar en el CEP de Palma, especialmente a aquellas que a través del Seminario de Formadores me han acompañado en las dudas y en los descubrimientos de este espacio misterioso que es para mi la filosofía.

Mi admiración profunda a las personas que, con su constancia y pasión han hecho posible la Asociación de Filosofía 3/18 en Mallorca: Núria Marín, María Rosa Mateu, Dora Muñoz, Bel Pomar, Xisca Salvá, Sacra López, Quique Xaudiera, Laura Castaños, Marta Massana y Sandra Icasuriaga.

A Xisca Mulet y Anna Font, por la escritura compartida.

A Mar Santiago, culpable de esta edición en castellano, a Javier Rouco y Rosario Belda por los encuentros en tierras gallegas, por el océano y los bosques compartidos.

Mi gratitud infinita al CEIP Es Pont, mi escuela durante más de veinte años de docencia. A las maestras que hicieron posible la entrada de la filosofía y a las que la han preservado y fortalecido a través de los años. A Maria Antònia Crespí, Laura Seguí y Sílvia Bonet, equipo directivo que ha navegado en esos tiempos difíciles de pandemia y conforman el Equipo Directivo al acabar de escribir la versión en catalán de este libro.

Una mención especial a Joana Maria Campins, maestra y miembro del Seminario de Formadores, entrañable profesional a quien tanto debe el CEIP Es Pont, el mundo de la Filosofía 3/18 en la isla y yo misma. Tu entusiasmo nos acompañará siempre.

Pero sobre todo, sobre todo, mi eterno agradecimiento a los alumnos con quien tanto he disfrutado. Gracias por hacerme reír tantas veces, por sorprenderme siempre, por dejarme compartir un poco de vuestras vidas, por lo que hemos aprendido juntos –y sabéis que no es un tópico–. Vuestros nombres despiertan ternura y confianza en un futuro mejor.

A Irene de Puig, Bel Pomar, Lluïsa Pomar, Dora Muñoz, Sacra López y mi hermana, por las lecturas previas, los consejos y todas las sugerencias. Gracias inmensas por vuestro tiempo y dedicación.

Finalmente, y no por eso menos importante, a toda mi familia, sobre todo a las nietas, Teresa, Carlota, Paula y Julieta, que con sus pocos años nos ofrecen día a día todas las preguntas y pensamientos que nos llenan de sorpresa y perplejidad, porque, como todos los niños, saben donde se esconden las grandes cuestiones universales.

Algaida, otoño del 2025